おうちでギリシャ居酒屋

3分から作れるシンプルおつまみレシピ

アナグノストゥ直子

はじめに

本書はギリシャ料理のなかでも私がとくに好きなカテゴリのひとつ、お酒のあてになる小皿料理やおつまみであるメゼをテーマにしています。冒頭でご紹介しているのは、「とりあえずのきゅうり」という一品。わざわざレシピにするほどでもないものですが、お酒と一緒にとりあえず出されるひと皿のオリーブや、ただ切っただけのきゅうりに、メゼのエッセンスが詰まっているように思えるのです。

あるとき、私が暮らすアテネにあるランドマークのひとつ、第1回近代オリンピックの会場として知られるパナシナイコ・スタジアムのそばで小さな宿を営んでいる知人を、夫と一緒に訪ねたことがありました。「いいラキがあるんだ」と彼が持ってきたのは、自家製らしいラキ（ぶどうの蒸留酒）と、いくつかのメゼの皿。チーズや季節の果物もあったような気がしますが、とくに印象に残ったのが塩とワインビネガーをふりかけたきゅうりでした。

そして娘の同級生の誕生日パーティーのために、クラスの半分くらいがエヴィア島で集合した夏。中央ギリシャからアッティカ県の東岸に沿うように浮かぶその大きな島に私たちも旅行を兼ねて家族で行ったのですが、みんなが泊まっていたホテルのプールサイドで開かれた井戸端会議のテーブルにも、きゅうりの皿がありました。隣には、こちらも切っただけの真っ赤なトマト。おのおののワインやビールのグラスを傾けながら、時折野菜をつまみつつ、夏のトマトのおいしさから仕事の話、スポーツや政治の話……と、多岐にわたる会話が繰り広げられたのでした。

ギリシャを訪れる旅行者も、昼間からお酒とメゼのテーブルを囲んで楽しそうに過ごす人々をあちこちで目にするでしょう。お酒を飲むときは何かしらの食べものを口にするべきとギリシャではいわれています。酔っぱらっている人をあまり見ないのは、ほどほどにお酒をたしなむ術に長けているからだなぁと感じます。

またメゼは、親しい人たちと過ごすときだけでなく、ひとりの時間も豊かにしてくれます。いまどきのおしゃれなメゼレストランにひとりで行く人はあまりいないですが、昔ながらの飾らない大衆居酒屋や、ときが止まったようなレトロなカフェニオ、うらぶれたアーケードの奥のスナックバーなどは、ふらりと入ってみたくなる魅力があります（実際、そんな店ではコップ1杯のウゾとメゼの小皿を楽しんでいる年配の男性客をよく見かけます）。

もちろん家庭でも。自宅でくつろぎながらのメゼタイムは、一日の疲れを癒してくれます。メゼは、ありあわせのものを組み合わせるのが楽しい。冷蔵庫にハムやチーズ、オリーブなどがあればそれだけでピキリア（盛り合わせ）が完成するし、残りものの煮込みやマリネなどあれば最高。インドア派な私は、いつもこんな風におうち居酒屋を楽しんでいます。

本書ではメゼレストランで見かける定番から、メゼとしても食べたい郷土料理、ほかの国の料理をギリシャ風にアレンジしたフュージョンメゼなど、みなさんに食べてもらいたい料理を集めてみました。また、ギリシャのメゼのコンセプトにシメというものはないのですが、フュージョンメゼの延長のような感じで麺類やごはんもののレシピもご紹介しています。

みんなで集まる楽しい時間に、おうちでゆっくり過ごす時間に、ギリシャのメゼをとり入れていただけるとうれしいです。

Τα μεzεδάκια της παρέας

a.アンチョビマリネやクレタ島のスモークポークをラキと一緒に。b.酢漬けそら豆といわしのメゼが印象的だったナクソス島の居酒屋。c.北ギリシャのヴェルギナビールと、ビールに合うおつまみ盛り合わせをシェアしてちょい飲み。d.かわいいインテリアの居酒屋。e.仲間とシェアしていろんなメゼを味わうのが楽しい。f.アテネの中央市場内の居酒屋は観光客にも人気。

Τα μεζεδάκια της παρέας

手前からオイルサーディンのサガナキ (P.17)、フェンネルのケフテデス (P.36)、ギリシャ風ポテトサラダ (P.50)。お酒は量り売りのチプロ (P.108)。

手前からひよこ豆とギリシャ風ソーセージのオレンジ風味（P.94）、きのこのティガニア（P.40）、青りんごとくるみのキャベツサラダ（P.49）。お酒は老舗のブタリ・ワイナリーのアギオルギティコ種赤ワイン（P.108）。

目次

はじめに ························· 2

この本で使う食材 ················· 9

とりあえずのメゼ　11
Γρήγορα μεζεδάκια

とりあえずのきゅうり ··············· 12
Αγγούρι με ξύδι　アグリ・メ・クシディ

オクラのオリーブオイル焼き ··········· 12
Μπάμιες τηγανητές　バミエス・ティガニテス

グラヴィエラチーズのサガナキ ········· 13
Γραβιέρα σαγανάκι　グラヴィエラ・サガナキ

ゆで卵のおつまみ ················· 14
Αυγά βραστά μεζές　アヴガ・ヴラスタ・メゼス

エーゲ海の島風、魚の干物 ··········· 14
Ψάρια λιόκαφτα　プサリア・リオカフタ

フェタ唐辛子 ····················· 15
Φέτα με πιπεριές ψητές　フェタ・メ・ピペリエス・プシテス

ブラックオリーブと玉ねぎの香味オイルソテー ··· 15
Ελιές τηγανητές με κρεμμύδι
エリェス・ティガニテス・メ・クレミディ

かにかまサラダ ··················· 16
Καβουροσαλάτα με σουρίμι　カヴロサラタ・メ・スリミ

コンビーフのサガナキ ··············· 16
Κορν μπιφ σαγανάκι　コンビーフ・サガナキ

オイルサーディンのサガナキ ··········· 17
Σαρδέλες σαγανάκι　サルデレス・サガナキ

ディップ＆スプレッド類
フェタムース ····················· 18
Μους φέτας　ムース・フェタス

ディルとねぎのバター ··············· 19
Βούτυρο με άνηθο και κρεμμυδάκια
ブティロ・メ・アニソ・ケ・クレミダキァ

ギリシャのフレッシュチーズ風 ········· 19
Άλειμμα τυριών　アリマ・ティリオン

ギリシャ風アボカドディップ ············ 20
Ντιπ αβοκάντο　ディップ・アヴォカド

スモークサーモン入りタラモサラタ ······· 20
Ταραμοσαλάτα με καπνιστό σολομό
タラモサラタ・メ・カプニスト・ソロモ

パイ・揚げ物・パンのメゼ
Μεζέδες στο τηγάνι και ψωμοειδές ········· 21

レフカダ島風リガナーダ ·············· 22
Λευκαδίτικη ριγανάδα　レフカディティキ・リガナーダ

この本の使い方

・1カップは200ml、大さじ1は15ml、小さじ1は5mlです。

・バターは基本的に無塩バターを使用しています。

・砂糖はグラニュー糖を使用しています。

・種類を指定していない小麦粉は、薄力粉・中力粉・強力粉どれでも構いません。ギリシャではオールパーパスフラワー（中力粉）をよく使いますが、薄力粉と強力粉を1：1であわせて代用してもOKです。

・塩加減など「適量」としているレシピが多いですが、材料に含まれる塩分、煮詰め具合、個人の好みなどで変わってくるので、味見をして自分の好みに調整してください。

・完成料理写真や作り方の写真は、材料欄の分量より少なく盛りつけている場合があります。

・各料理には目安となる調理時間を入れていますが、お使いのガスコンロやIHクッキングヒーターの火力、オーブンやトースター、調理器具などによって実際と異なる場合があります。

コパニスティ風チーズスプレッドのブルスケッタ 23
Φρυγανισμένο ψωμί με "κοπανιστή"
フリガニズメノ・プソミ・メ・"コパニスティ"

ギリシャ風ナチョス 24
Νάτσος αλά ελληνικά ナチョス・アラ・エリニカ

ズッキーニのフリット 26
Κολοκυθάκια τηγανητά コロキサキア・ティガニタ

ドライトマトのフリット 27
Ντομάτες λιαστές σε κουρκούτι
ドマテス・リアステス・セ・クルクティ

青菜パイ 28
Χορτοπιτάκια ホルトピタキア

スパイス香る干し肉とチーズのパイ 29
Παστουρμαδοπιτάκια パストゥルマドピタキア

マッシュルームパイ 30
Μανιταροπιτάκια マニタロピタキア

えびとクリームチーズのパイ 31
Γαριδοπιτάκια με τυρί κρέμα
ガリドピタキア・メ・ティリ・クレマ

◇簡単揚げパイ生地 32
Ζύμη για τηγανητά πιτάκια ジミ・ヤ・ティガニタ・ピタキア

フェタチーズフライドポテト 33
Πατάτες τηγανητές με φέτα
パタテス・ティガニテス・メ・フェタ

サントリーニ島のトマトケフテデス 34
Ντοματοκεφτέδες ドマトケフテデス

フェンネルのケフテデス 36
Μαραθοκεφτέδες マラソケフテデス

イーストを使わない簡単ピタパン 37
Εύκολες πίτες για σουβλάκι χωρίς μαγιά
エフコレス・ピテス・ヤ・スヴラキ・ホリス・マヤ

Column ギリシャの居酒屋の種類 38

野菜のメゼ
Μεζέδες με λαχανικά 39

きのこのティガニア
Τηγανιά μανιταριών ティガニア・マニタリオン 40

ルッコラ、メロン、サラミと
フレッシュチーズのサラダ 42
Σαλάτα με ρόκα, πεπόνι, σαλάμι και φρέσκο τυρί
サラタ・メ・ロカ・ペポニ・サラミ・ケ・フレスコ・ティリ

スイカとフェタチーズのサラダ 43
Σαλάτα με καρπούζι και φέτα
サラタ・メ・カルプジ・ケ・フェタ

キクラデス風焼きなすサラダ 44
Κυκλαδίτικη μελιτζανοσαλάτα
キクラディティキ・メリジャノサラダ

丸ごと焼きなすサラダ 45
Μελιτζάνα ψητή メリジャナ・プシティ

ディルソースのビーツサラダ 46
Παντζάρια με ανηθοσαλάτα パンジャリア・メ・アニソサラダ

おかひじきのツィガリアスティ 47
Αλμύρα τσιγαριαστή アルミラ・ツィガリアスティ

焼きブロッコリーのサラダ 48
Σαλάτα με ψητό μπρόκολο サラタ・メ・プシト・ブロコロ

青りんごとくるみのキャベツサラダ 49
Λαχανοσαλάτα με πράσινο μήλο και καρύδια
ラハノサラタ・メ・プラシノ・ミロ・ケ・カリディア

ギリシャ風ポテトサラダ 50
Πατατοσαλάτα パタトサラダ

スモークにしん添えレンズ豆サラダ 51
Φακοσαλάτα με καπνιστή ρέγγα
ファコサラタ・メ・カプニスティ・レガ

カリフラワーのスパイシートマトソース煮込み 52
Κουνουπίδι κοκκινιστό クヌピディ・コキニスト

なすのスコルドストゥビ 54
Μελιτζάνες σκορδοστούμπι メリジャネス・スコルドストゥビ

ひよこ豆となすの煮込み 56
Ρεβύθια με μελιτζάνες レヴィスィア・メ・メリジャネス

Column クレタ島のメゼ 58

卵・チーズのメゼ
Μεζέδες με αυγά και τυριά 59

スタカもどきの目玉焼き 60
Αυγά με κρέμα σαν στάκα アヴガ・メ・クレマ・サン・スタカ

トマトのスクランブルエッグ 61
Στραπατσάδα ストラパツァーダ

グラヴィエラチーズとぶどうのサガナキ 62
Γραβιέρα σαγανάκι με σταφύλια
グラヴィエラ・サガナキ・メ・スタフィリア

タラガニチーズとダークチェリーのサガナキ 63
Ταλαγάνι σαγανάκι με κεράσια
タラガニ・サガナキ・メ・ケラシア

田舎風オムレツ 64
Ομελέτα με λουκάνικα και πατάτες
オメレタ・メ・ルカニカ・ケ・パタテス

ピリ辛焼きチーズ 66
Μπουγιουρντί ブルディ

バナナピーマンのチーズ詰め焼き 67
Πιπεριές γεμιστές με τυρί
ピペリエス・イェミステス・メ・ティリ

Column いまどきのギリシャ居酒屋のメゼ 68

< 7 >

肉・魚介類のメゼ
Μεζέδες με κρέατα και θαλασσινά ……… 69

ギリシャ風フィッシュタルタル ……… 70
Ταρτάρ ψαριού タルタル・プサリウ

小いわしのマリネ ……… 71
Γάβρος μαρινάτος ガヴロス・マリナトス

魚のサヴォロ ……… 72
Ψάρι σαβόρο プサリ・サヴォロ

たこのグリル ……… 73
Χταπόδι ψητό タポディ・プシト

ラムチョップのフライパン焼き ……… 74
Αρνίσια παϊδάκια στο τηγάνι アルニシア・パイダキア・スト・ティガニ

いわしのオレガノ風味 ……… 74
Σαρδέλες ριγανάτες στο τηγάνι サルデレス・リガナテス・スト・ティガニ

小魚と玉ねぎの揚げ焼き ……… 75
Λιανόψαρα με κρεμμύδι στο τηγάνι リアノプサラ・メ・クレミディ・スト・ティガニ

ムール貝の炒めマリネ ……… 75
Μύδια πικάντικα ミディア・ピカンティカ

ムール貝のサガナキ ……… 78
Μύδια σαγανάκι ミディア・サガナキ

豚肉、ヒラタケ、プルーンのティガニア ……… 80
Ψαρονέφρι τηγανιά με μανιτάρια και δαμάσκηνα
プサロネフリ・ティガニア・メ・マニタリア・ケ・ダマスキナ

田舎風ソーセージ ……… 81
Σπιτικά χωριάτικα λουκάνικα
スピティカ・ホリアティカ・ルカニカ

赤魚のブルデット ……… 82
Κοκκινόψαρο μπουρδέτο コキノプサロ・ブルデト

魚とオクラのオーブン焼き ……… 83
Ψάρι με μπάμιες στο φούρνο
プサリ・メ・バミエス・スト・フルノ

チキンのミニコンドスブリ ……… 84
Κοντοσουβλάκι κοτόπουλο コンドスブラキ・コトプロ
◇レッドソース ……… 85
Κόκκινη σάλτσα για σουβλάκια
コキニ・サルツァ・ヤ・スヴラキア
◇ジャジキ ……… 85
Τζατζίκι ジャジキ

牛肉のソフリト ……… 86
Μοσχάρι σοφρίτο モスハリ・ソフリト

えびのタヒニトマトソース ……… 88
Γαρίδες με σάλτσα από ταχίνι και ντομάτα
ガリデス・メ・サルツァ・アポ・タヒニ・ケ・ドマタ

手羽元のパスティツァーダ ……… 90
Κοτόπουλο παστιτσάδα コトプロ・パスティツァーダ

たらフライのスコルダリァ添え ……… 91
Μπακαλιάρος σκορδαλιά バカリアロス・スコルダリア

フロリナ風ミニケバブ ……… 92
Κεμπάπια Φλώρινας ケバピア・フロリナス

ケバブのヨーグルト焼き ……… 93
Κεμπάπ με γιαούρτι στο φούρνο
ケバブ・メ・ヤウルティ・スト・フルノ

ひよこ豆とギリシャ風ソーセージの
オレンジ風味 ……… 94
Ρεβύθια με λουκάνικα και πορτοκάλι
レヴィスィア・メ・ルカニカ・ケ・ポルトカリ

ディルレモン唐揚げ ……… 96
Κοτόπουλο karaage με άνηθο και λεμόνι
コトプロ・カラアゲ・メ・アニソ・ケ・レモニ

チキンのみかん風味オーブン焼き ……… 97
Κοτόπουλο με μανταρίνια コトプロ・メ・マンダリニア

砂肝のレモン&ハーブ風味オイル煮 ……… 98
Στομάχια κοτόπουλου με μυρωδικά και λεμόνι
ストマヒア・コトプル・メ・ミロディカ・ケ・レモニ

いいだこのスティファド ……… 99
Μοσχιοί στιφάδο モスヒィ・スティファド

Column カフェニオに見るメゼの流儀 ……… 100

シメのごはん
Ελαφριά πιάτα με ρύζι και ζυμαρικά ……… 101

アヴゴレモノ雑炊 ……… 102
Zosui με αυγολέμονο ゾウスイ・メ・アヴゴレモノ

オリーブのおにぎり ……… 103
Onigiri με ελιές オニギリ・メ・エリエス
◇ギリシャ丼 ……… 103

鯖缶プサロスパにゅうめん ……… 104
Ψαρόσουπα με σκουμπρί και νουντλς
プサロスパ・メ・スクブリ・ケ・ヌードルズ

ギリシャヨーグルトと
フライドオニオンのパスタ ……… 105
Μακαρόνια με γιαούρτι και τηγανητά κρεμμύδια
マカロニア・メ・ヤウルティ・ケ・ティガニタ・クレミディア

トマトとオリーブの軍艦巻き ……… 106
Gunkan-maki σούσι με ντομάτα και ελιές
グンカンマキ・スシ・メ・ドマタ・ケ・エリエス

アボカドとたらこの軍艦巻き ……… 106
Gunkan-maki σούσι με αβοκάντο και ταραμάς
グンカンマキ・スシ・メ・アボカド・ケ・タラマス

Column ギリシャのお酒について ……… 108

インデックス ……… 110

この本で使う食材

ギリシャ料理の多くは日本人にとって身近な食材で作ることができ、必要なハーブやスパイスの数もあまり多くありません。チーズは高価だったり入手困難なものもありますが、一部代用できます。

ハーブ
Μυρωδικά

イタリアンパセリ
Μαϊντανός

ギリシャで使われるのは平葉種のイタリアンパセリ。苦味が少なくやわらかい食感が特徴です。

ディル
Άνηθος

さわやかな香りのディルは、ギリシャでもっともよく使われるフレッシュハーブのひとつです。

ミント
Δυόσμος

スーッとした清涼感のあるハーブ。ギリシャ料理では香りのやわらかいスペアミントを使用します。

オレガノ
Ρίγανη

ギリシャ料理を特徴づけるハーブといえるのがオレガノ。通常は生でなく乾燥させたものを使います。

タイム
Θυμάρι

これがなければというほどではありませんが、さまざまな料理の味を引き立てるのに効果的なハーブです。

ローズマリー
Δεντρολίβανο

ラム肉などの味を引き立てたり、ギリシャ料理ではサヴォロ（P.72）に欠かせないハーブです。

フェンネル
Μάραθος

ギリシャ料理では葉をよく使います。ディルと見た目が似ていますが、フェンネルはアニス系の香りが特徴的。

ローリエ
Δάφνη

月桂樹の葉。さわやかで上品な香りがあり、ギリシャでもスープや煮込みに多用されるハーブです。

スパイス
Μπαχαρικά

シナモン
Κανέλα

ギリシャ料理で料理、お菓子ともによく使われるスパイスのひとつ。甘い香りが料理に深みを出します。

クローブ
Γαρύφαλλο

シナモンとセットで使われることが多いスパイス。香りが強いので入れすぎには注意が必要です。

オールスパイス
Μπαχάρι

ギリシャではさまざまな料理に使われるシナモン、クローブ、ナツメグを混ぜたような香りと表現されるスパイス。

クミン
Κύμινο

カレー粉の主材料であるスパイスですが、ギリシャでは地方によってとくに肉料理によく使われます。

パプリカ
Πάπρικα

乾燥させた赤パプリカを粉状にひいたスパイス。スブラキ（串焼き肉）にかけたり、北ギリシャの料理によく使われます。

赤唐辛子フレーク
Μπούκοβο
種も混ざった粗びきの乾燥赤唐辛子。北ギリシャで多用され、料理によってカイエンペッパーやパプリカと使い分けます。

フェヌグリーク
Τσιμένι
ギリシャ料理では通常使いませんが、パストゥルマ（P.29）の特徴的な香りを出すのに欠かせないスパイスです。

ターメリック
Κουρκουμάς
伝統的なギリシャ料理には使われなかったスパイスですが、料理の色づけや健康効果を期待して入れる人が増えました。

チーズ＆ヨーグルト
Τυριά και γιαούρτι

フェタ
Φέτα
羊乳、または羊乳に山羊乳を上限30％まで混ぜて作られるチーズ。塩気が強めで少し酸味のある味わいが特徴です。

グラヴィエラ
Γραβιέρα
羊乳や山羊乳、牛乳でも作られるハードチーズ。名前の由来であるスイスのグリュイエールチーズに似ていて、代用可です。

タラガニ
Ταλαγάνι
キュッキュッとした食感が独特なチーズで、加熱しても溶けず、焼いて食べる場合が多いです。キプロスのハルミチーズに似ていて代用可です。

ギリシャヨーグルト
Στραγγιστό γιαούρτι
現地では水きり（ストラギスト）ヨーグルトと呼ばれます。プレーンヨーグルトをコーヒーフィルターなどで半量になるまで水きりして代用可。

その他
Άλλα υλικά

トマト
Ντομάτα
フレッシュな味わいの生トマトは加熱する料理にもおすすめ。本書レシピで「すりおろす」とあるものは、グレーターの大きな丸穴ですりおろしています。トマトの皮をむいて使う場合、ナイフの背でこするとむきやすく、つるっと仕上げる必要のないときには湯むきより手軽。

トマトペースト
Πελτές ντομάτας
うまみが詰まったトマトペーストはダシ的な役割も果たします。生トマトを煮込みなどに使う際、完熟トマトがなければペーストを少し足すと◎。

オリーブオイル
Ελαιόλαδο
本書で使うオリーブオイルはEXヴァージンオイルです。ギリシャ産オイルがやはりギリシャ料理には合い、価格も比較的手頃なものが多くおすすめです。

植物油
Φυτικό λάδι
ギリシャではひまわり油やコーン油を揚げ油によく使います。普段から使っている癖のない植物油ならなんでもOK。

塩、こしょう
Αλάτι και πιπέρι
本書のレシピでは塩はさらっとした海の塩、こしょうは黒こしょうをペッパーミルでひいて使用しています。

Τα μεζεδάκια της πάρτας

Γρήγορα μεζεδάκια

とりあえずのメゼ

とりあえずのきゅうり
Αγγούρι με ξύδι
アグリ・メ・クシディ

とりあえず出てくるメゼというと、切っただけのきゅうりが定番。ウゾやチプロなどの蒸留酒には、この1品だけでも満足。

⏳ 3分

材料（2人分）
きゅうり…1/2本
塩、白ワインビネガー…各少々
ケイパー（好みで）…適宜

1. きゅうりは好みで皮をむき、5cm長さほどの拍子切りにする。塩と白ワインビネガーをふりかけ、好みでケイパーを散らす。

オクラのオリーブオイル焼き
Μπάμιες τηγανητές
バミエス・ティガニテス

ギリシャでは夏の間だけ出まわるオクラ。茶色くなるまで揚げ焼きにしたら、とまらないおつまみに。

⏳ 5〜10分

材料（2人分）
オクラ…1パック（100g）
オリーブオイル…適量
塩…適量
レモン（好みで）…適宜

1. オクラは洗って水気をしっかり拭きとる。
2. フライパンに入れてオリーブオイルをからめ中火にかけ、全体が色づき香ばしくなるまで焼く。塩をふりかけ、好みでレモンを添える。

> ジャジキ（P.85）やスコルダリア（P.91）、フェタムース（P.18）などのディップ類を添えても。

グラヴィエラチーズのサガナキ

Γραβιέρα σαγανάκι

グラヴィエラ・サガナキ

蜂蜜をかけたりしたおしゃれなチーズサガナキ※もいいけれど、
まず試してほしいのが小麦粉の衣をつけて揚げ焼きにしただけのベーシックなサガナキ。
熱々のできたてに、レモンをきゅっと搾ってどうぞ。

⌛ 5分

材料（2人分）

グラヴィエラチーズ（P.10）…80〜100g
小麦粉…適量
オリーブオイル…大さじ2〜3
レモン（くし切り）…1切れ

1. チーズを水にくぐらせてぬらし、小麦粉をまぶしつける。これをもう一度繰り返し、揚げたときにチーズが溶け出ないようしっかり小麦粉をつける。

2. フライパンを中火で熱し、オリーブオイルをひいて1を揚げ焼きにする。両面がきつね色になったら油をきって皿に盛り、レモンを添える。

> ほかのセミハードチーズ、ハルミやタラガニチーズ（P.10）、フェタチーズ（P.10）でも作れます。

※サガナキは両手つきの小さなフライパンで作って供される料理、もしくは揚げ焼きにしたチーズのこと

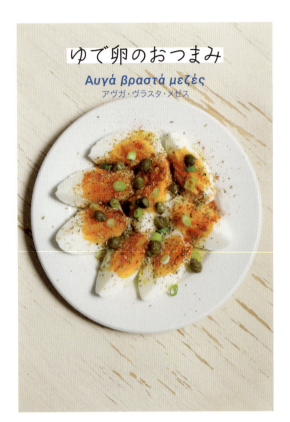

ゆで卵のおつまみ
Αυγά βραστά μεζές
アヴガ・ヴラスタ・メゼス

メゼの盛り合わせにただのゆで卵が
よく入っているのですが、
味つけやトッピングを少し加えるだけで
立派な単品メゼに変身します。

⏳ 5分

材料 (2人分)

ゆで卵 (10分茹でたもの)…2個
白ワインビネガー (またはレモン汁)…少々
塩、こしょう、カイエンペッパー、オレガノ…各少々
ねぎ (小口切り)、ケイパー…各少々
オリーブオイル…ひとまわし

1　ゆで卵は殻をむいて4等分のくし切りにし、器に盛って残りの材料を順にふりかける。

エーゲ海の島風、魚の干物
Ψάρια λιόκαφτα
プサリア・リオカフタ

ナクソス島やパロス島など、
いくつかの島々では魚の干物を食べます。
市販の干物にちょい足しして、
ギリシャ風のおつまみに。

⏳ 10分

材料 (2人分)

魚の干物 (無添加のあじ、さばなど)…1〜2尾
オリーブオイル、こしょう、オレガノ…各少々
レモン (くし切り)…1〜2切れ

1　干物にオリーブオイルを薄く塗り、こしょうをふりかける。

2　魚焼きグリルで焼き、オレガノを散らしてレモンを添える。

ラキやチプロのお供に、
お気に入りのメゼです。
フォークでペースト状につぶすと
ティロカフテリというディップに。

⏳ 15分

フェタ唐辛子

Φέτα με πιπεριές ψητές
フェタ・メ・ピペリエス・プシテス

材料 (2人分)

青唐辛子 (バナナ南蛮など)…大2本 (約120g)
白ワインビネガー…小さじ1
フェタチーズ (P.10)…60g
オリーブオイル…大さじ1〜2

1. 青唐辛子を魚焼きグリルか直火でこんがり焼き、ヘタと皮と種をのぞいてざく切りにし、白ワインビネガーであえる。

2. フェタチーズを皿に盛り、**1**を添えてオリーブオイルをまわしかける。

そのままつまんでも
おいしいオリーブですが、
ちょっとひと手間かけると
存在感のあるメゼになります。

⏳ 5〜10分

ブラックオリーブと玉ねぎの香味オイルソテー

Ελιές τηγανητές με κρεμμύδι
エリエス・ティガニテス・メ・クレミディ

材料 (2〜4人分)

A ┌ 玉ねぎ (薄切り)…小1/2個 (50g)
　├ にんにく (みじん切り)…1片
　└ オリーブオイル…大さじ2〜3

B ┌ 赤唐辛子フレーク…小さじ1/4
　├ ブラックオリーブ…16〜20粒
　└ オレガノ…小さじ1/2

赤または白ワインビネガー…小さじ1

1. フライパンに**A**を入れ弱〜中火で炒める。玉ねぎがやわらかくなり少し色づきかけたら**B**を加え、2分ほど炒める。

2. ワインビネガーを加えさっと炒めあわせ、火からおろす。

かにかまサラダ

Καβουροσαλάτα με σουρίμι

カヴロサラタ・メ・スリミ

本物のかにもいいけれど、大衆的なウゼリのメニューにあるような、かにかまで作った「かにサラダ」がたまに食べたくなります。

⌛ 10分

材料（2人分）

かにかま…80g
マヨネーズ、ギリシャヨーグルト…各大さじ2
玉ねぎ（みじん切り）…大さじ1
赤ピーマン、きゅうりピクルス（みじん切り）
　…各大さじ2
ディル（またはパセリ）（みじん切り）…大さじ1
こしょう…少々

1　かにかまは薄切りにして浅いボウルか皿に入れ、マヨネーズとギリシャヨーグルトを加えフォークで軽くつぶしながら混ぜる。

2　残りの材料を加え混ぜあわせる。

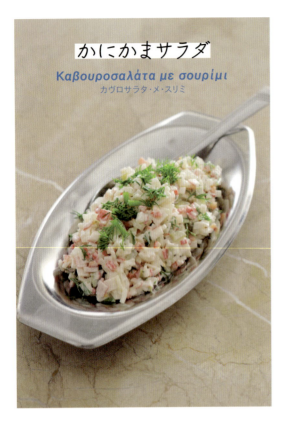

コンビーフのサガナキ

Κορν μπιφ σαγανάκι

コンビーフ・サガナキ

行きつけの居酒屋にあったメニューを思い出して作ったメゼ。オリジナルは肉のコンフィをかためたような「カヴルマス」を使います。

⌛ 15分

材料（2人分）

コンビーフ…80g
ピーマン（輪切り）…小1/2個（25g）
トマト（輪切り）…小1/2個（50g）
溶けるチーズ…30〜40g
オレガノ…ひとつまみ

1　耐熱容器にコンビーフを1cm厚さほどに切って入れる。ピーマン、トマト、チーズを重ね、中〜高温のオーブントースターで10〜15分焼く。

2　チーズが溶けてぐつぐつしてきたらとり出し、オレガノをふりかける。

オイルサーディンのサガナキ

Σαρδέλες σαγανάκι

サルデレス・サガナキ

ストックしておくと便利な缶詰を使った、すぐできるサガナキです。
もちろん生のいわしで作ってもOK。
その場合はオリーブオイルでいわしを軽く焼いてから、ほかの材料を加えていきます。

⏳ 10分

材料 (2人分)

オイルサーディン（缶詰）…1缶
にんにく（みじん切り）…1片
赤唐辛子フレーク…小さじ1/4
A ┌ トマト（角切り）…小1個（100g）
  │ オリーブ（輪切り）…大さじ1
  │ 塩、砂糖…各ひとつまみ程度
  └ オレガノ…小さじ1/2

1. 小さなフライパン（またはスキレット）にサーディン缶のオイルを少し入れ、にんにくと赤唐辛子フレークを加え弱火にかける。にんにくを焦がさないよう気をつけながら、香りが立つまで炒める。

2. オイルサーディンを残りのオイルごとと**A**を加え、中火でトマトがくずれかけるまで煮る。

< 17 >

ディップ＆スプレッド類

スプレッド類は冷たいメゼの定番。
普通のパンやピタパン（P.37）、野菜スティックなどにつけて食べたり、料理に使ってアレンジを楽しめるものも。

フェタムース
Μους φέτας
ムース・フェタス

フェタチーズの味わいをいかしつつ、塩気がほどよいディップです。
フードプロセッサーで作るとなめらかに。仕上がりがゆるい場合は、冷蔵庫で冷やして。

⏳ 5分

材料（2～4人分）

- フェタチーズ（P.10）…80g
- ギリシャヨーグルト…80g
- オリーブオイル…大さじ1/2
- 好みのトッピング（ハーブ、ナッツ、トマト、フルーツなど）…適宜

1. フェタチーズをフォークでできるだけ細かくつぶす。ギリシャヨーグルト、オリーブオイルを加え、空気を含ませるように混ぜる。好みでトッピングをのせる。

> コストを抑えたりマイルドに仕上げたい場合は、フェタチーズの半量をクリームチーズにおきかえます。バリエーションとして、おろしたにんにくやこしょうを加えても。

昔よく行っていたメゼレストランで
パンと一緒に出てきたバター。
粗刻みのディルとねぎをひかえめに
入れるのがポイントです。

3分

ディルとねぎのバター
Βούτυρο με άνηθο και κρεμμυδάκια
ブティロ・メ・アーニソ・ケ・クレミダキア

材料 (作りやすい量)

有塩または無塩バター…好きなだけ
海の塩 (無塩バターを使用する場合) (好みで)
　…適宜
ディル (粗みじん切り)、万能ねぎ (小口切り)
　…各少量

1　室温においてやわらかくしたバターに、ディル
　　とねぎを加え混ぜる。無塩バターを使う場合は、
　　好みで塩も加える。冷蔵庫で1週間ほどもつ。

ギリシャのいろんな地方で出会う
やわらかくフレッシュな味わいの
チーズをイメージしたスプレッド。

10分

ギリシャのフレッシュチーズ風
Άλειμμα τυριών
アリマ・ティリオン

材料 (2人分)

フェタチーズ (P.10)…50g
リコッタチーズ (またはカッテージチーズ)…50g
ギリシャヨーグルト…50g

1　材料をすべて浅いボウルまたは器に入れ、チー
　　ズの粒がなくなるまでフォークでよくつぶす。

> タイムやセイボリーといったハーブや、オリーブオ
> イルなどを好みで混ぜても。

< 19 >

ギリシャにアボカドのイメージは
あまりないと思いますが、
クレタ島で多く栽培され、
今では国産アボカドもおなじみに。

⧖ 10分

材料 (2人分)

アボカド…小1個 (正味約100g)
ギリシャヨーグルト…大さじ4 (60g)
にんにく (すりおろす)…小1片
レモン汁…大さじ1/2
オリーブオイル…大さじ1
塩…約小さじ1/4

1　アボカドは皮と種をのぞく。すべての材料をフードプロセッサーに入れ、なめらかなホイップ状になるまで混ぜる。塩で味をととのえる。

ギリシャ風アボカドディップ

Ντιπ αβοκάντο
ディップ・アヴォカド

一時期とあるスーパーで見かけた、
タラモサラタのバリエーションです。
いくらやディルをトッピングすると、
見た目も華やかに。

⧖ 10分

材料 (約1カップ分)

パンの白い部分…30g
たらこ…30g
玉ねぎ…20g
スモークサーモン…40g
オリーブオイル、癖のない植物油…各大さじ1と1/2
レモン汁…大さじ2 (好みで加減を)

1　パンは水に浸けてふやかし、軽く水気を絞る。残りの材料と一緒にフードプロセッサーに入れ、なめらかなホイップ状になるまで混ぜる。

スモークサーモン入りタラモサラタ

Ταραμοσαλάτα με καπνιστό σολομό
タラモサラタ・メ・カプニスト・ソロモ

Τα μεζεδάκια της παρέας

Μεζέδες στο τηγάνι και ψωμοειδές

パイ・揚げ物・パンのメゼ

レフカダ島風リガナーダ

Λευκαδίτικη ριγανάδα
レフカディティキ・リガナーダ

本来は、かたくなったパンを湿らせて作る軽食。
力強い味の組み合わせで、蒸留酒のメゼにもぴったりです。
にんにくはひかえめに使ってますが、現地のように生のスライスをのせても。

⏳ 10分

材料（2人分）

トマト…小1個（100g）
田舎パン（カンパーニュなど）
　…手のひら大2枚
にんにく、オリーブオイル、白ワインビネガー、
　オレガノ…各適量
塩…少々
アンチョビ（または小いわしのマリネ P.71）
　…適量
ブラックオリーブ（好みで）…2〜4粒

1　トマトはナイフの背で皮をこすってゆるめてからむき（P.10）、輪切りにする。

2　パンをトーストしてにんにくの断面をこすりつけ、オリーブオイルをかけ、白ワインビネガーを数滴ふりかける。1をのせ塩とオレガノをふりかけ、アンチョビをのせ、好みでオリーブを添える。

> トマトの皮をナイフの背でこすってから
> むくのはギリシャ人がよくやる方法です。

コパニスティ風
チーズスプレッドのブルスケッタ

Φρυγανισμένο ψωμί με "κοπανιστή"
フリガニズメノ・プソミ・メ・"コパニスティ"

コパニスティはミコノス島やティノス島で作られているチーズです。
ぴりっとした強い味わいのコパニスティをイメージしたスプレッドをパンに。
トマトをあわせると甘酸っぱさがチーズの味を引き立て、さっぱり食べやすくなります。

⏳ 10分

材料 (約1/2カップ分・2人分)

A ⎡ フェタチーズ (P.10)、ブルーチーズ…各50g
  | グラッパ (またはブランデー) …小さじ1
  | カイエンペッパー、粉山椒
  ⎣ …各少々 (隠し味程度)
田舎パン (1cm厚さにスライス) …適量
オリーブオイル…適量
トマト(好みで)…適宜

1 Aを浅いボウルまたは皿に入れ、フォークでつぶしながらよく混ぜる。

2 フライパンを中火で熱しオリーブオイルでパンを両面焼き (またはトースターで焼いてオイルをかけても)、**1**を塗って好みでトマトの薄切りをのせる。

ギリシャ風ナチョス
Νάτσος αλά ελληνικά
ナチョス・アラ・エリニカ

人気のアメリカ風メキシコ料理「ナチョス」をギリシャ風にアレンジしてみました。
大皿に盛って出すと見栄えがするので、パーティーにもぴったり。
冷たいビールや軽めのワインと一緒にどうぞ。

⏳ | 30分

材料 (2〜4人分)

ピタパン (空洞のあるタイプ、市販品など)
　…3〜4枚
玉ねぎ (みじん切り) …大1/2個 (100g)
にんにく (みじん切り) …1片
オリーブオイル…大さじ1
牛ひき肉 (または合いびき肉) …200g

A | クミンパウダー、シナモンパウダー、
　　オールスパイスパウダー…各小さじ1/4
　カイエンペッパー、オレガノ…各小さじ1/2
　トマトペースト…大さじ1
　塩、こしょう…各適量

溶けるチーズ…70g

B | ギリシャ風アボカドディップ (P.20)
　フェタムース (P.18)
　トマト (さいの目切り) …中1個 (150g)
　玉ねぎ (粗みじん切り) …大1/4個 (50g)
　パセリ (粗みじん切り) …2〜3本分 (大さじ2)
　ブラックオリーブ (輪切り) …大さじ2

1　ピタパンは開いて2枚に分け、三角形の食べやすい大きさに切る。170℃に予熱したオーブン (またはトースター) で焦がさないよう気をつけながらパリッとするまで乾燥焼きにし、器に盛りつけておく。

2　フライパンに玉ねぎとにんにく、オリーブオイルを入れて弱〜中火でしんなりするまで炒める。ひき肉を加えところどころ色づくまで炒め、**A**を加え炒め味をととのえる。

3　**2**に水を大さじ3〜4加え混ぜる。溶けるチーズを散らしふたをして弱火で蒸し焼きにし、チーズが溶けたら**1**の上にのせる。

4　**B**をトッピングする。

Bのトッピングは全部そろえなくても好みのものでOK。アボカドディップのかわりに角切りアボカド、フェタムースのかわりにギリシャヨーグルトを使ってもいいでしょう。

ズッキーニのフリット
Κολοκυθάκια τηγανητά
コロキサキァ・ティガニタ

フライドポテトに次いで、人気の揚げ野菜おつまみがズッキーニ。コーンミールやセモリナ粉を衣にする場合もありますが、シンプルに小麦粉だけを使って簡単にサクッと軽く揚がる作り方をご紹介します。

⌛ 15分

材料 (2人分)

ズッキーニ…小1本 (120〜150g)
薄力粉…1/4カップ
塩…小さじ1/2弱
冷水、揚げ油…各適量
ヨーグルトソース
　ギリシャヨーグルト…1/3カップ
　おろしにんにく、塩…各少々
　ミント (乾燥または生、みじん切り)…少々

1. ヨーグルトソースの材料をあわせておく。
2. ズッキーニは5mm厚さほどの斜め切りにする。袋に薄力粉と塩を入れ、ズッキーニを加えしっかりまぶしつける。茶碗に冷水を用意しておく。
3. 揚げ油を鍋に1cm深さほど入れて中温に熱し、2のズッキーニを1枚ずつさっと冷水にくぐらせ油に入れていく。少し色づきサクッとするまで両面を揚げ、網に立てて油をきる。器に盛り、ヨーグルトソースを添える。

> 薄切りにしたなすや、いかでも同様に作れます。ギリシャのイカフライ (カラマリフライ) にはジャジキ (P.85) をつけて食べるのが私のお気に入り。

ドライトマトのフリット
Ντομάτες λιαστές σε κουρκούτι
ドマテス・リアステス・セ・クルクティ

キクラデス諸島の真ん中に位置するシロス島の郷土メゼです。
濃縮された味わいのドライトマトは、少しぼってりとした
水溶き小麦粉の衣（クルクティ）と好相性。ヨーグルトソースをつけるとさっぱりします。

⏳ 15分

材料(2人分)

ドライトマト…8〜10切れ
熱湯…約1カップ
赤または白ワインビネガー…約大さじ1
A ┌ 薄力粉…1/4カップ
　│ こしょう…適量
　└ 炭酸水…約1/4カップ
揚げ油…適量
ヨーグルトソース（P.26）

1. ボウルにドライトマトを入れ、熱湯とワインビネガーを加える。10分ほどおいてもどし、水気をきる。

2. **A**をボウルに入れ混ぜあわせて衣を作り、ドライトマトを加える。揚げ油を鍋に1cm深さほど入れて中温に熱し、衣をからめたドライトマトを1切れずつ落としていく。

3. 衣が薄く色づきサクッと揚がったら油をきって器に盛り、ヨーグルトソースを添える。

< 27 >

青菜パイ
Χορτοπιτάκια
ホルトピタキァ

クレタ島で食べられる、野草の揚げパイを春巻きの皮で簡単に作ってみました。野草がわりにルッコラや菜の花、春菊など、ちょっとほろ苦い青菜を混ぜても。手作り生地（P.32）の場合は、実際のクレタ島のパイと同じ半月形で包んで。

⏳ 20分

材料（ミニパイ10本分）
青菜（ほうれんそう、小松菜など）…200g
A [万能ねぎ（小口切り）…2本
    ディル（みじん切り）…大さじ2〜3
    オリーブオイル…大さじ1/2〜1]
塩、こしょう…各適量
ミニ春巻きの皮…10枚
揚げ油…適量

1 青菜はやわらかくなるまで茹でて、水気をきって刻む。もう一度余分な水気を絞ってボウルに入れ、Aを加え混ぜ、塩、こしょうでしっかり味つけする。

-a

2 春巻きの皮で1を包み-ab、小麦粉を水で溶いたペースト（分量外）で巻き終わりを留める。

-b

3 鍋かフライパンに1cm深さほど揚げ油を入れ中温に熱し、2をきつね色になるまで揚げる。二度揚げするとサクッと仕上がる。

> 青菜フィリングが入ったパイは揚げてすぐ皮がやわらかくなりがちなので、二度揚げがおすすめ。ほかのパイもよりサクッとさせたいなら同様に。

スパイス香る干し肉と
チーズのパイ

Παστουρμαδοπιτάκια
パストゥルマドピタキァ

⏳ 20分

アナトリアが起源といわれるスパイシーな干し肉「パストゥルマ」。
ギリシャでもよく食べられ、チーズと一緒にパイにしたものはとくに人気の高いメゼです。
日本でも再現できる「もどき」を考えてみました。

材料（ミニパイ10本分）

生ハム（またはブレザオラ）（細切り）
　…35〜40g

A ┌ フェヌグリークパウダー、パプリカパウダー、
　│ こしょう、にんにく（すりおろす）
　│ 　…各小さじ1/4
　└ オリーブオイル…小さじ1/2

トマト（5mm厚さの薄切り）…40g
パセリ（粗みじん切り）（あれば）…大さじ1
溶けるチーズ…60g
ミニ春巻きの皮…10枚
揚げ油…適量

1. 春巻きの皮に生ハムをのせ、**A**をあわせたスパイスオイルを少し塗る。水気をきったトマト、パセリ、チーズを重ねて包み、小麦粉を水で溶いたペースト（分量外）で巻き終わりを留める。

2. 鍋かフライパンに1cm深さほど揚げ油を入れ中温に熱し、**1**をきつね色になるまで揚げる。

> ブレザオラは牛肉の生ハムのようなものです。

マッシュルームパイ
Μανιταροπιτάκια
マニタロピタキァ

田舎のレストランのメニューで見かけると、頼みたくなるのがきのこのパイです。
きのこ採りの文化があまりないギリシャでは、白いマッシュルームの場合がほとんど。
つまみやすいミニ揚げパイをご紹介します。

⏳ 30分

材料（ミニパイ10本分）

玉ねぎ（粗みじん切り）
　…小1/2個（50g）
オリーブオイル…大さじ1
マッシュルーム（薄切り）…100g
小麦粉…小さじ1
牛乳…大さじ3
溶けるチーズ…40g
塩、こしょう…各適量
ミニ春巻きの皮…10枚
揚げ油…適量

1. フライパンに玉ねぎとオリーブオイルを入れ、やわらかくなるまで弱火で炒める。マッシュルームも加え炒め、汁気がとんで少し色づいたら小麦粉を加え生っぽさがなくなるまで炒め、牛乳を加えとろみをつけ-a、火からおろす。

2. 1が冷めたらチーズと塩、こしょうを加え味をととのえる。春巻きの皮で包み、小麦粉を水で溶いたペースト（分量外）で巻き終わりを留める。

3. 鍋かフライパンに1cm深さほど揚げ油を入れ中温に熱し、2をきつね色になるまで揚げる。

-a

えびと クリームチーズのパイ

Γαριδοπιτάκια με τυρί κρέμα
ガリドピタキァ・メ・ティリ・クレマ

よく行く島の食堂で、メゼとして出されていたことがあるパイのひとつです。伝統的なギリシャ料理というわけではありませんが、さわやかなディルの香りがギリシャらしいアクセントに。

⏳ 20分

材料（ミニパイ10本分）

- ボイル甘えび…80g
- クリームチーズ…80g
- ディル（みじん切り）…大さじ1
- 塩、こしょう…各適量
- 簡単揚げパイ生地（P.32）…10本分
- （またはミニ春巻きの皮…10枚）
- 揚げ油…適量

※写真はミニ春巻きの皮を使用

1. えびはとても小さいならそのまま、大きめなら適当に切って水気をキッチンペーパーで拭きとっておく。
2. 1にクリームチーズとディルを加え、塩、こしょうを加え混ぜあわせフィリングを作る。
3. 簡単揚げパイ生地（または春巻きの皮）でフィリングを包む。春巻きの皮を使う場合、小麦粉を水で溶いたペースト（分量外）で巻き終わりを留める。
4. 鍋かフライパンに1cm深さほど揚げ油を入れ中温に熱し、3をきつね色になるまで揚げる。

> クリームチーズが漏れやすいので、自家製の生地で作るほうがおすすめ。クリームチーズに塩気がありますが、少し塩も加えたほうが味がボケません。

簡単 揚げパイ生地

Ζύμη για τηγανητά πιτάκια

ジミ・ヤ・ティガニタ・ピタキア

手作り生地は面倒そうなイメージかもしれませんが、小麦粉があればいつでもすぐできるという気軽さがあります。春巻きの皮よりしっかりしていて扱いやすい生地なので、いろんなフィリングを包んでぜひ定番にしてください。

⏳ 30〜40分

材料 (ミニパイ10本分)

中力粉…100g＋適量 (打ち粉用)
塩…ひとつまみ
水…50ml
白ワインビネガー…小さじ1/2
オリーブオイル…大さじ1

> 生地が余ったらそのまま揚げてサラダなどのトッピングに使ったり、蜂蜜とシナモン、刻みナッツをかけておやつにどうぞ。

1 ボウルに中力粉と塩を混ぜあわせ、真ん中をくぼませる。残りの材料を加え、全体に水分がいきわたるようスプーンで混ぜてから、耳たぶくらいのかたさの生地にまとまるまで手でこねる。水分が足りないなら水を少量足し、逆にやわらかすぎるなら粉を少量足す (いずれも分量外)。覆いをして15〜30分休ませる。

2 軽く打ち粉をして薄くのばし、好みのレシピに使う。春巻きのように巻くなら、ごく薄くのばす (切り分けてからもう一度のばすと薄くしやすい) -a。丸型で抜いて半月形にしたり、若干厚めの2.5mmほどにのばして好きな形に切り、フィリングをのせ半分折りにして包んでも。その場合、端はフォークか指で押さえてしっかり留める-b。

-a

-b

フェタチーズ フライドポテト

Πατάτες τηγανητές με φέτα
パタテス・ティガニテス・メ・フェタ

ギリシャでは普通のフライドポテトを頼んでも、オレガノをかけたものが出てくることが結構あります。チーズもトッピングすると、さらに満足度アップ。フェタのかわりに細かくおろしたハードチーズでもOK。

⏳ 30分

材料 (2人分)

じゃがいも…中2個 (300g)
オリーブオイル…大さじ1/2〜1
塩…少々
フェタチーズ (P.10)…30〜40g
オレガノ…適量
こしょう（好みで）…適宜

1. じゃがいもは皮をむいて拍子切りにし、しばらく水にさらして表面のでんぷんを落としてからざるにあげて水気をきる。
2. オリーブオイルをからめ、200℃に予熱したオーブン（またはトースター）で約20分、ほどよく色づいて端がカリッとするまで焼き、塩をふりかける。
3. 器に盛り、くだいたフェタチーズとオレガノをトッピングし、好みでこしょうをかける。

> オーブンまたはトースターやエアフライヤーで作れる油ひかえめの方法で紹介しましたが、普通に油で揚げたり、お手軽に市販のフライドポテトを使ってもOK。

サントリーニ島の
トマトケフテデス

Ντοματοκεφτέδες
ドマトケフテデス

数多く存在する野菜のケフテデスのなかでも定番のひとつが、
トマトにミントなどのハーブをあわせたドマトケフテデス。
うまみの詰まった小さなトマトが採れるサントリーニ島の郷土料理としても有名です。

⏳ 20分

材料 (6個分)

A
- トマト (粗みじん切り)…小1個 (100g)
- 玉ねぎ (みじん切り)…小1/2個 (50g)
- スペアミント (粗みじん切り)
  …大さじ山盛り1 (2〜3本)
- 塩…小さじ1/4弱
- こしょう…少々

B
- 薄力粉…約50g
- ベーキングパウダー…小さじ1/4

オリーブオイル (または揚げ油)…適量

1 Aをボウルに入れて混ぜ、Bを加えポトッと落とせるぐらいのかたさにする (あまり時間をおくとゆるくなるので注意)。必要なら薄力粉を適宜足す (分量外)。

2 フライパンに油を5mm〜1cm深さほど入れて中火で熱し、スプーン2つで生地を丸くととのえて落としていく-a。きつね色になるまで両面揚げ焼きにし、なかまで火が通ったらでき上がり。キッチンペーパーにとり、余分な油をきる。

-a

フェンネルの
ケフテデス

Μαραθοκεφτέδες
マラソケフテデス

⏳ 30分

ギリシャの野山に生えているのを
よく見かける香り高いハーブ、
フェンネルを主役にしたケフテデス。
生地に卵やチーズを入れるレシピもありますが、
シンプルな作り方が私のお気に入りです。

材料 (6個分)

フェンネル (粗みじん切り)…1カップ (約80g)
万能ねぎ (小口切り)…1本 (約40g)
玉ねぎ (みじん切り)…小1/2個 (50g)
薄力粉…80g
ベーキングパウダー…小さじ1/2
塩…小さじ1/2
水…約75ml
オリーブオイル (または揚げ油)…適量

1. ボウルに油以外の材料をあわせ、生地を作る。水は様子を見ながら加え、スプーンですくってポトッと落ちるぐらいのかたさにする。

2. フライパンに油を5mm〜1cm深さほど入れて中火で熱し、スプーン2つで生地を丸くととのえて落としていく。きつね色になるまで両面揚げ焼きにし、なかまで火が通ったらでき上がり。キッチンペーパーにとり、余分な油をきる。

イーストを使わない簡単ピタパン

⏳ 30〜40分

Εύκολες πίτες για σουβλάκι χωρίς μαγιά

エフコレス・ピテス・ヤ・スヴラキ・ホリス・マヤ

ギリシャのピタパンは空洞がなく、
ちょっとふんわりした平焼きパンです。
本来のギリシャ風ピタパンとくらべると
ふんわり&もっちり感は少ないですが、
すぐに作れるイーストなしのレシピをご紹介。

材料（4枚分）

A ┌ 中〜強力粉…200g
　│ 塩…小さじ1/3
　└ ベーキングパウダー…小さじ1
水…120ml
オリーブオイル…大さじ1
小麦粉…適量（打ち粉用）

1. ボウルにAを混ぜあわせる。真ん中にくぼみを作って水とオリーブオイルを加え、なめらかになるまでこねる。水分が足りないなら水を少量足し、逆にやわらかすぎるなら粉を少量足す（いずれも分量外）。生地がリラックスするまで10〜20分ほど休ませる。

2. 生地を4つに分け、打ち粉を少しまぶして麺棒でそれぞれ直径15cmの円形にのばす。フォークなどでピケをする-a。

3. フライパンを中火で熱し、2を1枚ずつ焼いていく。ふたをして1分半ほど焼き、ほどよく色づいたらひっくり返して反対側も同様に焼く。焼けたら清潔なふきんに包み、残りの生地も同様に焼く。

-a

< 37 >

Column

ギリシャの居酒屋の種類

　お酒と一緒に、さまざまな料理をつまむのが楽しい居酒屋。ギリシャにも居酒屋にあたる飲食店があり、明確な区別はないのですが、メインで出すお酒の種類などによっていくつかのジャンルにわけられます。

　メゼドポリオは一般的な居酒屋。本来メゼはお腹を満たす目的ではない小皿料理といわれますが、かなりボリュームのある料理が出てきてびっくりすることも。

　ウゼリはとくにウゾ（P.108）を味わうための居酒屋です。ほかのお酒もとりそろえていますが、いうまでもなくウゾの種類が豊富で、料理もシーフードやその加工品などが中心。ウゾはアニスの香りが独特なので苦手な人もいますが、たこの炭火焼きをはじめ魚介のメゼとの相性がとりわけよく、この組み合わせを試したらはまってしまうかもしれません。いわしの塩漬けやさばの燻製など、しょっぱい魚加工品をちびちびつまみながら飲むのもよし。夏のギリシャの海辺ではたこを店先で日干しにしているのをよく目にするのですが、こんなシチュエーションもさらにウゾをおいしくしてくれます。

　チプラディコは、とくにぶどうの蒸留酒であるチプロ（P.108）を楽しむ店。中部ギリシャのヴォロスという街には独特なチプラディコの文化があり、小瓶に入ったチプロがおまかせのメゼとともに供されます。次にどんなメゼが出てくるか、わくわくしながら何本もの小瓶を追加していくのが楽しい。メニューから好きなメゼを注文することもできます。生ものも含め魚介のメゼが豊富なのもヴォロスのチプラディコの魅力。イソギンチャクのフライやチチラヴラと呼ばれる木の芽のピクルスなど、ほかの地方でほとんど見かけないものが私のお気に入りです。

　ラカディコは、チプロに似たクレタ島の地酒である蒸留酒ラキ（別名チクディア）（P.109）に由来します。そのためラカディコではクレタ料理を出すのかと思いきや、必ずしもそうではなく普通のメゼドポリオと変わらないメニューの店も多いです。

a.トレイに並んだメゼのなかから好きなものを選ぶ。このスタイルで出す店は今では希少。b.アテネ中央市場のなかにある小さな居酒屋。「ピキリア」と呼ばれるメゼの盛り合わせが人気。c.ヴォロスのチプラディコにて、チプロの小瓶とおまかせで出されるメゼ。d.「コリチアニ」と呼ばれるイソギンチャクのフライ。e.テレヴィンソスという木の新芽「チチラヴラ」のピクルス。

Τα μεζεδάκια της παρέας

Μεζέδες με λαχανικά

野菜のメゼ

きのこのティガニア

Τηγανιά μανιταριών

ティガニァ・マニタリオン

市販されているきのこの種類が少ないギリシャで幅をきかせているのがヒラタケ。
グリルやソテーはメゼレストランでもよく見かける定番です。
日本で作る際にはぜひいろんなきのこでお試しください。

⏳ 10分

材料 (2人分)

きのこ (数種類混ぜる) …300g
オリーブオイル…大さじ1と1/2
にんにく (みじん切り) …1片
タイムの葉 (枝からはずす) …2〜3本分
A［ディジョンマスタード…小さじ1
　└白ワイン…大さじ2
塩、こしょう…各適量

1 きのこは種類により食べやすい大きさに切るか手で裂く。

2 フライパンを中火で熱し、1とオリーブオイルを加える。あまり混ぜずにしっかり焼き色をつけ、こんがりしてきたらにんにくとタイムを加え香りが立つまで炒める。

3 Aを加え炒めあわせ、塩、こしょうで味をととのえる。

> ギリシャで使うのは主にヒラタケやマッシュルームですが、舞茸、しめじ、エリンギ、椎茸などソテーでよく食べるものならなんでもOK。

ルッコラ、メロン、サラミとフレッシュチーズのサラダ

⏳ 10分

Σαλάτα με ρόκα, πεπόνι, σαλάμι και φρέσκο τυρί
サラタ・メ・ロカ・ペポニ・サラミ・ケ・フレスコ・ティリ

モダンギリシャ料理のメゼレストランにありそうな、ほろ苦い葉っぱにミルキーなフレッシュチーズ、果物を、ちょっと甘いドレッシングと組み合わせたサラダです。サラミは薄〜くスライスしたものを使うと◎。

材料（2人分）

A ┌ ディジョンマスタード…小さじ1/2
　│ 塩、こしょう…各少々
　│ バルサミコビネガー…小さじ1
　└ オリーブオイル…大さじ1
ルッコラ（洗ってしっかり水気をきる）
　…ふたつかみ（約40g）
メロン（ひと口大に切る）…正味100g
サラミ（極薄切り）…6〜8枚程度
ギリシャのフレッシュチーズ風（P.19）
　…ティースプーン山盛り2

1　Aを泡立て器で混ぜドレッシングを作る。
2　器にルッコラとメロンを盛りつけ、サラミとフレッシュチーズをトッピングして1のドレッシングをまわしかける。

> メロンのかわりにいちじく、ぶどう、桃などほかの果物や、ミニトマトを入れてもおいしい。

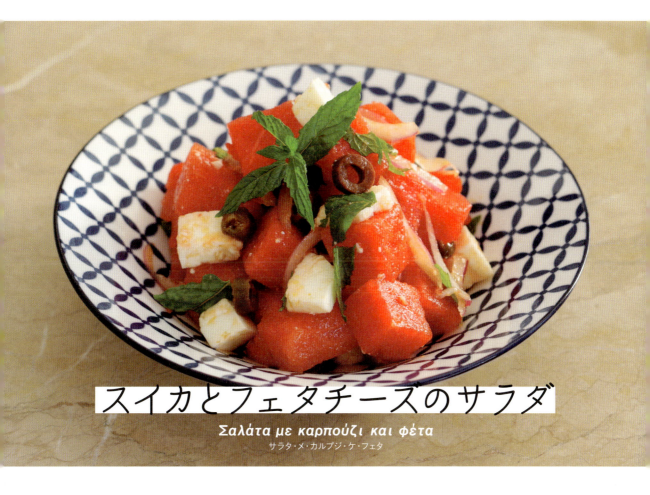

スイカとフェタチーズのサラダ

Σαλάτα με καρπούζι και φέτα

サラタ・メ・カルプジ・ケ・フェタ

スイカをフェタチーズまたは白チーズと一緒に食べるのは、東地中海の国々で定番のおつまみです。日本の「スイカに塩」と似た感覚ですが、より複雑な味わいにはまってしまうかも。暑い日にぜひお試しください。

⌛ 10分

材料 (2人分)

スイカ…正味250g
フェタチーズ (P.10)…50g

A ┌ 赤玉ねぎ、カラマタオリーブ
　│ 　（それぞれ薄切り）…各10g
　│ レモン汁…大さじ1/2
　└ オリーブオイル…大さじ1

スペアミントの葉…5〜10枚

1 スイカは種をとってひと口大に切る。フェタチーズは角切りにするか粗くくだく。

2 **A**をボウルに入れて混ぜ、**1**とちぎったミントを加えさっくりあえる。

キクラデス風焼きなすサラダ

Κυκλαδίτικη μελιτζανοσαλάτα
キクラディティキ・メリジャノサラタ

ケイパーやトマトなどを加えた焼きなすサラダは、
夏のキクラデス諸島のフレーバーを詰め込んだようなひと皿。
できれば果肉のしっかりした米なすで作ると、ギリシャの味により近くなります。

⏳ 30分

材料（2人分）

なす…3〜4本（300g）

A
- にんにく（すりおろす）…小1片（好みで加減を）
- オリーブオイル…大さじ1と1/2
- 白ワインビネガー…小さじ1〜2
- トマト（粗みじん切り）…小さめ1/2個（1/4カップ）

B
- ピーマン（みじん切り）…小1/2個（大さじ2）
- 赤玉ねぎ（みじん切り）…小1/4個（大さじ2）
- パセリ（みじん切り）…大さじ1
- ケイパー…大さじ1

塩、こしょう…各適量

1 なすは破裂しないよう包丁の先で数か所切り目を入れ、魚焼きグリルなどで皮が黒くなり果肉がやわらかくなるまで焼く。

2 皮をむき、ざるに入れ余分な汁気をきる。

3 **2**をざく切りにしてボウルに入れる。**A**を加え、フォークで軽くつぶしながら混ぜる。

4 **B**を加え混ぜ、塩、こしょう（必要ならオイルやビネガーも）で味をととのえる。

丸ごと焼きなす
サラダ

Μελιτζάνα ψητή
メリジャナ・プシティ

⏳ 15分

焼きなすのサラダというとペーストっぽく
つぶした冷菜が一般的ですが、
こちらは形をいかした丸ごと焼きなすの
あたたかいサラダのようなおつまみです。
直火でじっくり焼いたなすの
スモーキーな風味を楽しんで。

材料（2人分）

米なす…中1個（250〜300g）
塩、こしょう…各適量
レモン汁…くし切り1切れ分
オリーブオイル…大さじ1〜2
羊乳ハードチーズ（またはフェタチーズ P.10）
　…約10g
オレガノ…ひとつまみ

1　なすは破裂しないよう包丁の先で数か所切り目を入れ、魚焼きグリルなどで皮が黒くなり果肉がやわらかくなるまで焼く。ヘタを残して皮をむき、軽く汁気をきる。

2　なすが少し平たくなるよう皿におき、塩、こしょう、レモン汁、オリーブオイルをかける。チーズをふんわりとおろしかけ（フェタチーズの場合はフォークで細かくつぶす）、オレガノを散らす。

ディルソースの
ビーツサラダ

Παντζάρια με ανηθοσαλάτα
パンジャリア・メ・アニソサラタ

⏳ 10〜15分

便利な調理済みビーツで簡単に作れる
目にもおいしいサラダ。
生ビーツを自分で調理する場合は、
丸ごとホイルに包んで
180℃のオーブンで約1時間焼くか、
30分ほど茹でてから皮をむいて使います。

材料(2人分)

ビーツ(調理済みパック)…中2個(約250g)
塩…適量
赤または白ワインビネガー、にんにく
　(すりおろす)…各少々
ギリシャヨーグルト…60g
フェタチーズ(P.10)…30g
ディル(みじん切り)…大さじ3
オリーブオイル…ひとまわし

1　ビーツはくし切りにしてボウルに入れ、塩、ワインビネガー、にんにくを加えあえておく。

2　別のボウルにギリシャヨーグルトとフェタチーズをあわせ、フォークでチーズの粒がなくなるまでつぶし混ぜる。ディルを加え味を見て、必要なら塩を加える。

3　器に2をのばし、1を上に盛りつけてオリーブオイルをかける。

> フェタムース(P.18)を作ってある場合、それにディルを混ぜても◎。

おかひじきの
ツィガリアスティ

Αλμύρα τσιγαριαστή

アルミラ・ツィガリアスティ

夏のはじめに出まわるおかひじきを使った、季節にぴったりな野菜メゼ。
下茹でしたアマランサス葉でも同じように作れます。
フルーティーな白ワインやロゼワイン、軽めの赤ワインと一緒にどうぞ。

20分

材料 (2人分)

おかひじき（短くちぎる）…正味100g
にんにく（みじん切り）…1片
トマト（1cm角切り）…小～中1/2個（60g）
オリーブオイル…大さじ1と1/2
塩、こしょう…各適量
フェタチーズ（P.10）…20g

1　フライパンににんにくとオリーブオイルを入れて弱火で熱する。香りが立ったらおかひじきを加え中火にし、しんなりするまで2分ほど炒める。

2　トマトを加え全体がなじむまでさっと炒め、塩、こしょうで味をととのえる。器に盛り、くだいたフェタチーズを散らす。

焼きブロッコリーの
サラダ

Σαλάτα με ψητό μπρόκολο

サラタ・メ・プシト・ブロコロ

⏳ 20分

ギリシャでブロッコリーというと、
くたくたに茹でてオリーブオイルとレモンで
食べるのが定番。それも悪くないけれど、
今風のメゼレストランで食べたものをヒントに
香ばしい焼きブロッコリーのサラダを
作ってみました。

材料 (2人分)

ブロッコリー…200g
オリーブオイル…大さじ2
A ┌ ディジョンマスタード…小さじ1/2
　├ レモン汁…小さじ2〜大さじ1
　└ にんにく (すりおろす) (好みで) …少々
塩、こしょう…各適量
アーモンドスライス (ローストしたもの) …10g
グラヴィエラ (P.10) などの羊乳または牛乳
　ハードチーズ (すりおろす) (または粉チーズ)
　…大さじ2

1 ブロッコリーは小房に分け、茎のほうから包丁を入れ小さく切る。塩、こしょう各少々とオリーブオイル大さじ1をからめ、200℃に予熱したオーブン (またはトースター) で約10分、歯応えが残りところどころ焦げ目がつくまで焼く。

2 ブロッコリーを焼いてる間に、**A**とオリーブオイル大さじ1、塩、こしょう各少々を混ぜドレッシングを作る。

3 器に**1**を盛り付け、**2**をまわしかけアーモンドスライスとチーズをふりかける。

青りんごとくるみの
キャベツサラダ

⏳ 20分

Λαχανοσαλάτα με πράσινο μήλο και καρύδια

ラハノサラタ・メ・プラシノ・ミロ・ケ・カリディア

夏のバカンスを過ごすシミ島にあった
メゼレストランでよく頼んでいたサラダ。
酸っぱくてさわやかな風味の青りんごを
使っていますが、なければほかのりんごで
作ってもいいでしょう。

材料（2人分）

キャベツ…小さめの葉3枚（150〜180g）
にんじん…小1本（50g）
赤玉ねぎ…小1/4個（25g）
くるみ（炒ったもの）…軽くひとつかみ
青りんご…1/2個
グラヴィエラ（P.10）などの羊乳または牛乳
　ハードチーズ…30g

A ┌ 塩、こしょう…各少々
　├ ディジョンマスタード、蜂蜜…各小さじ1/2
　├ 白ワインビネガー…小さじ2
　└ オリーブオイル…大さじ1と1/2

1　キャベツは千切り、にんじんはグレーターの大きな丸穴で細長くおろすか千切りにする。玉ねぎは薄切りにし、辛味が強ければ水にさらしてからしっかり水気をきる。

2　くるみは適当な大きさに割る。青りんごは皮のまま太めの千切りにする。チーズはグレーターの小さい丸穴で細長くおろす。

3　ボウルにAをあわせ、1、2を加えさっくりあえる。

> チーズはグラヴィエラのほかにペコリーノやパルミジャーノなど、癖のないセミハード〜ハードチーズならたいてい合うと思います。

ギリシャ風ポテトサラダ
Πατατοσαλάτα
パタトサラタ

オリーブオイルやレモンのドレッシングであえた、ギリシャらしい味わいのポテトサラダ。
クリーミーなタイプがお好みなら、ドレッシングを半分くらいに減らして
マヨネーズかギリシャヨーグルトを適量加えても。

⏳ 30分

材料 (2人分)

じゃがいも…中2個 (300g)
砂糖…大さじ1

A
- 塩、こしょう…各ひとつまみ
- ディジョンマスタード…小さじ1/2強
- レモン汁、白ワインビネガー…各大さじ1/2
- オリーブオイル…大さじ2

B
- きゅうりピクルス (薄切りまたは粗刻み)
  …大さじ2
- ケイパー…大さじ1/2
- 赤玉ねぎ (薄切り)…小1/4個 (25g)

万能ねぎ、パセリ、ディル (それぞれ刻む)
  …各大さじ1

1. じゃがいもは皮をむいてひと口大に切り、鍋に入れる。ひたひたの水と砂糖を加えふたをして中火にかける。沸騰したら弱火にしてくずれない程度にやわらかくなるまで茹でる。茹で汁大さじ1程度をとりおき、じゃがいもの水気をきる。

2. ボウルにAの材料を順に入れ泡立て器で混ぜ、茹で汁も加える。Bとじゃがいもを加えてあえ、味をととのえる。万能ねぎ、パセリ、ディルを加えさっくりあえる。

> じゃがいもと玉ねぎとドレッシングが基本の材料。そのほかはなければ全部入れなくてもOK。ツナやオリーブなど好みの具を足してアレンジも楽しめます。

スモークにしん添え レンズ豆サラダ

Φακοσαλάτα με καπνιστή ρέγγα
ファコサラタ・メ・カプニスティ・レガ

豆をたくさん食べるギリシャでは、豆料理のメゼもいろいろあります。パリッとしたピーマンの食感も楽しいこのサラダは、魚加工品との相性抜群。もちろんそのまま食べてもおいしいです。

⏳ 30〜40分

材料（2人分）

乾燥レンズ豆…100g
A［塩、こしょう…各適量
　ディジョンマスタード…小さじ1/2
　白ワインビネガー…大さじ1と1/2
　オリーブオイル…大さじ3］
赤玉ねぎ（粗みじん切り）…小1/2個（50g）
赤・緑ピーマン（粗みじん切り）
　　…小各1個（各50g）
パセリ（またはディル）（粗みじん切り）…大さじ3
スモークにしん…1/2切れ（30〜40g）

1. レンズ豆は洗って鍋に入れ、かぶるくらいの水を入れる。中火にかけて沸騰したら一度茹でこぼし、水をかえて沸騰したら弱火にしてやわらかくなるまで約20分茹でる。火からおろし2分ほどおいてから、ざるにあげてしっかり水気をきっておく。

2. ボウルにAをあわせ混ぜ、玉ねぎとピーマンを加え1とパセリも加えてあえ、味をととのえる。器に盛り、スモークにしんを薄切りにしてのせる。

> レンズ豆より手に入りにくいですが、黒目豆で作るのもおすすめです。スモークにしんのトッピングは省いても、ほかの燻製魚やいわしマリネ（P. 71）をのせてもおいしい。

カリフラワーのスパイシー
トマトソース煮込み
Κουνουπίδι κοκκινιστό
クヌピディ・コキニスト

きれいな葉っぱのついたカリフラワーが手に入ったら、作りたくなるのがこんな煮込み。
甘い香りのスパイスを入れたトマトソースは肉の煮込みによく使う味つけなので、
覚えておくと便利です。

⧗ 30〜40分

材料 (2人分)

カリフラワー (小房に分ける) …200g
玉ねぎ (みじん切り) …小1/2個 (50g)
にんにく (みじん切り) …1片
オリーブオイル…大さじ2

A ┌ トマトペースト…大さじ1
  │ シナモンパウダー、クローブパウダー、
  │   オールスパイスパウダー、
  │   赤唐辛子フレーク…各少々
  └ ローリエ…小1枚

塩、こしょう…各ひとつまみ+適量
赤ワイン (あれば) …大さじ2
赤または白ワインビネガー、蜂蜜…各小さじ1

1 玉ねぎ、にんにく、オリーブオイルを鍋に入れ、ふたをして弱火で蒸し炒めにする。やわらかくなりほんのり色づきかけたら**A**を加え、なじませるように炒める。

2 カリフラワーと、塩、こしょう各ひとつまみ程度を加え炒めあわせ、赤ワインを加えアルコールがとぶまで炒める。水をひたひたに加え弱めの中火でふたをして15〜20分、カリフラワーがホロッとやわらかくなるまで煮る。

3 火からおろす少し前にワインビネガーと蜂蜜を加え、塩、こしょうで味をととのえる。

> 葉もついていたら一緒に煮込むとおいしい。シナモンはぜひ入れてほしいですが、ほかのスパイスはなければ省いてもOK。

なすのスコルドストゥビ

Μελιτζάνες σκορδοστούμπι

メリジャネス・スコルドストゥビ

イオニア海に浮かぶザキントス島の郷土料理。
濃厚なトマトソースやにんにくのきいた料理が典型的なザキントスの味なのですが、
これもそのひとつ。にんにくビネガー（スコルドストゥビ）の香りが食欲をそそります。

30〜40分

材料 (2人分)

- なす…2〜3本 (250g)
- トマト…大1個 (200g)
- オリーブオイル…大さじ3
- トマトペースト…大さじ1
- A
  - にんにく（粗みじん切り）…大1片
  - 赤または白ワインビネガー
    …大さじ1（好みで加減を）
  - 塩、砂糖、こしょう…各ひとつまみ程度

1. なすは縦半分に切って塩少々（分量外）をふってしばらくおく。トマトは半分〜1/4個に切ってヘタをとりグレーターの大きな丸穴ですりおろし、皮は捨てる。

2. フライパンにオリーブオイル大さじ1を入れ、なすの水気を拭きとって並べる。中火にかけ、ほぼやわらかくなり色づくまで両面を焼く-a。

3. なすを一旦とり出し、同じフライパンに残りのオイルを入れトマトペーストと1のおろしトマトを加え煮立てる。**A**で味をととのえ**2**のなすを戻し-b、ふたをして弱火で10〜15分煮る。なすがとてもやわらかくなりソースが煮詰まったら火からおろし、5分ほどおいて味をなじませる。

火からおろす1〜2分前に羊乳ハードチーズのスライスをのせてもおいしい。

-a

-b

ひよこ豆となすの煮込み
Ρεβύθια με μελιτζάνες
レヴィスィア・メ・メリジャネス

動物性の材料が入らない、
ギリシャの野菜料理全般を「ラデラ」といいます。
ひよこ豆となすは伝統的な組み合わせのひとつ。
野菜のメインディッシュとしてはもちろん、
メゼのテーブルに加えるのもおすすめです。

⏳ 30分

材料 (2〜4人分)

なす (ひと口大に切る)…中2本 (180g)
オリーブオイル…約大さじ2
玉ねぎ (粗みじん切り)…小1/2個 (50g)
にんにく (みじん切り)…1片
A ┌ トマト (すりおろす)…中1/2個 (80g)
　└ トマトペースト…大さじ1/2
B ┌ ひよこ豆水煮缶…1/2缶 (固形分約120gと缶汁半量)
　│ パセリ (またはディル)(粗みじん切り)…3〜5本
　└ オレガノ…小さじ1/2
塩、こしょう、砂糖…各適量

1. なすは塩少々をふってしばらくおいてから、キッチンペーパーで水気を拭きとる。フライパンに入れてオリーブオイル約大さじ1をからめ、弱めの中火にかけて全体に焼き色をつけ一旦とり出す。

2. 同じフライパンにオリーブオイルを大さじ1足し、玉ねぎとにんにくを加え、やわらかくなるまで弱火で炒める。**A**、塩と砂糖ひとつまみを加えソースっぽくなるまで炒め煮にする-a。

3. **B**と1を加え、ひたひたに水加減する-b。ふたをしてなすがトロッとやわらかくなるまで5〜10分煮る。もし汁気が多く残っていたらふたをとってとろりとからむ濃度に煮詰め、塩、こしょうで味をととのえる。

 -a    -b

Column

クレタ島のメゼ

ギリシャ料理には全国で食べられている料理のほか、各地に郷土料理があります。なかでもよく知られているのが、クレタ島の料理。アテネにもクレタ料理のレストランや居酒屋がたくさんあり、クレタ人コミュニティの存在の大きさやクレタ料理の人気の高さがうかがえます。おいしいメゼの宝庫でもあり、今や全国区となったものも。その代表格が、粗びき大麦のラスクにトマトやソフトチーズをのせてオリーブオイルをたっぷりかけた「ダコス」です。もうひとつはスモークポークの「アパキ」。アパキはそのままでも食べられるのですが、焼いて供されることが多いです。

おつまみになる肉料理のおすすめは、骨つき山羊肉のぶつ切りを塩とこしょうだけの味つけで調理した一品。オリーブオイルと肉から出る脂や肉汁でじっくり加熱された肉は素材の持ち味が最大限にいかされ、食感はほろほろとやわらかです。

かたつむりをよく食べるクレタ島では、その調理法も独特なものがあります。「ホフリィ・ブブリスティ」(うつぶせになったかたつむり) は、ラキがすすむメゼ。塩を敷き詰めたフライパンにかたつむりを伏せて並べ (料理名はここから) 加熱し、オリーブオイルとローズマリー、ワインビネガーで香り高く仕上げます。そしてクレタ島のメゼ文化の粋を感じさせるのが、生野菜のメゼ。春には野生のアーティチョーク、パプーレスというマメ科の葉っぱ、若いそら豆。夏はきゅうりやアジューリ (きゅうりの仲間)、真っ赤に熟れたトマト。秋から冬はみずみずしく甘みの増すキャベツなど。素材に合わせて、粗塩だけかけたり、レモンやワインビネガーを数滴ふりかけておつまみにします。あとは皺の寄った塩漬け黒オリーブでもあれば充分。

ちょっと独特なクレタ島のシンプルおつまみで日本でも作れるのが、乾燥そら豆を塩水でもどしただけのブレフトクィア。意外とおいしく、ラキや焼酎など強い蒸留酒にとても合うのでお試しあれ。

a.今ではギリシャ中どこのレストランでも見かけるぐらい人気になった「ダコス」。b.「スファキアノ・ヤフニ」や「ツィガリアスト」と呼ばれる山羊または羊肉の料理。c.ローズマリーやビネガーの力強い味つけが食欲をそそる「ホフリィ・ブブリスティ」。d.塩水でもどした乾燥そら豆と、ハネムスカリ球根ピクルス。シンプルなメゼのひと皿。e.マメ科らしい風味とほろ苦さがおいしい「パプーレス」(ヒゲレンリソウ) の若葉。

Τα μεζεδάκια της παρέας

Μεζέδες με αυγά και τυριά

卵・チーズのメゼ

スタカもどきの目玉焼き

Αυγά με κρέμα σαν στάκα
アヴガ・メ・クレマ・サン・スタカ

スタカは搾りたての山羊・羊乳にうかぶクリームからつくられる、クレタ島の伝統的な乳製品。とても濃厚なチーズ入りホワイトソースのような味わいです。身近な材料で、スタカを使った卵料理を再現してみました。

⏳ 10分

材料 (2人分)

バター…15g
小麦粉…小さじ2
A ┌ 生クリーム、牛乳…各1/4カップ
　├ プレーンヨーグルト…大さじ2
　└ 粉チーズ…大さじ2
卵…2個
塩、こしょう…各少々

1. フライパンにバターを入れ、弱〜中火であたためる。水分がとんでうっすらと茶色く色づきはじめたら、小麦粉を加え軽く炒める。**A**を加えクリーム状になるまで煮て-a、味を見て必要なら塩を加える。

-a

2. 卵を割り入れ、好みのかたさになるまでふたをして蒸し焼きにし-b、こしょうをふりかける。

-b

> 粉チーズのかわりに山羊チーズを使うとよりスタカらしくなります。

トマトのスクランブルエッグ

Στραπατσάδα
ストラパツァーダ

ポピュラーな卵料理のメゼ。「ストラパツァーダ」や「カヤナス」と呼ばれるトマト入りのスクランブルエッグです。炒めたソーセージやチーズを加えてもいいですが、最初はぜひシンプルなレシピでお試しを。

⧖ 15〜20分

材料 (2人分)

完熟トマト…大1個 (200g)
砂糖…ひとつまみ
オリーブオイル…大さじ2
塩、こしょう…各適量
卵…M〜L2個

1. トマトは半分に切り、ヘタをのぞいてグレーターの大きいほうの丸穴でおろす。または、ナイフの背で皮をこすってゆるめてからむき (P.10)、粗く刻む。

2. トマトをフライパンに入れ、中火にかける。煮立ってきたら少し火を弱め、砂糖と塩各ひとつまみを加えトマトをくずしながら煮る。

3. 汁気がとんでジャム状になったらオリーブオイルを加え混ぜ、卵を割り入れる。へらでかき混ぜ好みの状態まで火を通す。途中、塩、こしょうで味をととのえる。

> 仕上げにくだいたフェタチーズ (P.10) を加えたり、オレガノをふってもおいしい。

グラヴィエラチーズと ぶどうのサガナキ

Γραβιέρα σαγανάκι με σταφύλια
グラヴィエラ・サガナキ・メ・スタフィリア

モダンギリシャ料理のチーズサガナキは、果物や蜂蜜、バルサミコビネガーなどを加えた甘い味つけのものをよく見かけます。このサガナキはチーズが少し溶け出してもいいので、小麦粉の衣は二度づけしなくて大丈夫。

⏳ 10分

材料 (2人分)

- グラヴィエラチーズ (P.10)
  (またはほかの羊乳チーズ)
  …1切れ (80g)
- 小麦粉…適量
- オリーブオイル…大さじ1
- ぶどう…60g
- ローズマリー…穂先1〜2本
- 蜂蜜…小さじ1/2
- レモン汁…小さじ1
- 黒こしょう…適量

1. チーズは水にくぐらせ、小麦粉を全体にまぶしつける。蜂蜜はレモン汁とあわせておく。

2. 小さなフライパン (またはスキレット) を中火で熱し、オリーブオイルをひいてチーズを焼く。底になっている面がきつね色になったらひっくり返して端に寄せ、ぶどうとローズマリーも加える。

3. チーズはいじらず、ぶどうとローズマリーは軽く混ぜながら焼く。チーズのもう片面も焼けてぶどうが少し弾けたようになってきたら、鍋肌から蜂蜜とレモン汁をまわし入れ、こしょうをかけて火からおろす。

> ぶどうの種類は何でもOK。ほかにネクタリンやいちじく、プラムなど合いそうな果物に変えて作っても。また、仕上げには蜂蜜とレモンのかわりにバルサミコクリーム (煮詰めたバルサミコビネガー) を少量、細い線状にかけてもおいしい。

タラガニチーズとダークチェリーのサガナキ

Ταλαγάνι σαγανάκι με κεράσια
タラガニ・サガナキ・メ・ケラシア

焼いても溶けないキュッキュッとした食感のチーズ、
タラガニを使ったモダンギリシャ料理のサガナキ。
ダークチェリーは冷凍のものを使えば、一年中いつでも作ることができます。

⏳ 15分

材料（2人分）

- ダークチェリー…10〜15粒
- タラガニチーズ（P.10）…1切れ（約90g）
- オリーブオイル…大さじ1/2
- バター…ひとかけ（約5g）
- 赤ワイン…大さじ1
- シナモンパウダー、黒こしょう…各少々

1 ダークチェリーは半分に切って種をとっておく。

2 小さなフライパン（またはスキレット）を中火で熱し、オリーブオイルをひいてタラガニチーズを焼く。底になっている面がきつね色になったらひっくり返し、まわりにチェリーを加える。

3 チーズのもう片面も焼けてチェリーがあたたまったら、残りの材料を加えフライパンをゆすってチェリーにからめる。

> 似た味わい＆食感のハルミチーズでも代用できます。

田舎風オムレツ
Ομελέτα με λουκάνικα και πατάτες
オメレタ・メ・ルカニカ・ケ・パタテス

< 64 >

ペロポネソス半島へよくスキーをしに行っていた時期があったのですが、
そのときの楽しみは素朴な田舎料理と地元産のワインでした。
ソーセージやポテトがごろごろ入ったオムレツは、思い出に残っている味のひとつ。

⏳ 20分

材料（2人分）

じゃがいも（または冷凍フライドポテト）
　…100g（小1個）
田舎風ソーセージ（P.81）
　（または市販のソーセージ）…100g
オリーブオイル…約大さじ1と1/2
卵…L2個
塩、こしょう…各少々
溶けるチーズ（またはフェタチーズ P.10）
　（小さく切る）…25g

1. じゃがいもは皮をむいてくし切りにして皿に並べ、ラップをふわっとかけて2〜3分レンジで加熱する。市販のソーセージを使う場合は1.5cm厚さに切る。卵は塩、こしょうを加え溶いておく。

2. フライパンを中火で熱し、オリーブオイル大さじ1をひいてじゃがいもとソーセージを加えこんがり色づくまで焼く-a。田舎風ソーセージの場合、ひと口大にまとめるか、最初大きく焼いてヘラで小さく切る。

3. ソーセージから脂があまり出てなければ少しオイルを足し、溶き卵を流し入れチーズを散らし、フライパンをゆすって軽く混ぜる。底に焼き色がついたら半分に折るかひっくり返して好みの状態まで火を通す。

> しっかり焼き色をつけるのが田舎風。
> ラフなスクランブルエッグのようにざっくり混ぜて仕上げてもOK。

-a

ピリ辛焼きチーズ

⏳ 20〜25分

Μπουγιουρντί
ブユルディ

食べものがおいしいことでも知られる、ギリシャ第二の都市テサロニキ発祥で全国に広まったチーズのメゼ「ブユルディ」。唐辛子がピリッときいたとろけるチーズをパンにたっぷりつけてどうぞ。

材料 (2人分)

フェタチーズ (P.10)…60〜80g
トマト (さいの目切り)
　…小〜中1/2個 (60〜80g)
青唐辛子 (バナナ南蛮など、輪切り)
　…小1本 (20g)
溶けるチーズ…30g
赤唐辛子フレーク、オレガノ…各ひとつまみ
オリーブオイル…大さじ1〜2

1. 耐熱容器にフェタチーズを並べ、トマト、青唐辛子、溶けるチーズを順番にのせていく。最後に赤唐辛子とオレガノをふりかけ、オリーブオイルをまわしかける-a。

2. 200℃に予熱したオーブン (またはトースター) で約15分、ぐつぐつ煮えてチーズがとろけるまで焼く。

-a

辛いのが苦手なら、青唐辛子は甘長唐辛子を使ってください。小さな鍋やフライパンを直火にかけても作れます。その場合はふたをして弱火で蒸し焼きにします。

みずみずしいバナナピーマンにフレッシュチーズを
たっぷり詰めて焼き上げた、夏にぴったりな野菜のメゼです。
軽いワインとあわせるのが好きですが、チプロやビールとの相性も◎。

⏳ 25〜30分

材料（2人分）

バナナピーマン（または甘長唐辛子）
　…2本（約120g）
ギリシャのフレッシュチーズ風（P.19）
　…レシピの約1/2量
ミニトマト…8個
オリーブオイル…適量

A ┌ ディジョンマスタード、蜂蜜…各小さじ1/2
　│ レモン汁…くし切り1切れ分
　│ オリーブオイル…大さじ1
　└ こしょう、オレガノ…各少々

1. バナナピーマンは縦に切り目を入れ-a、実があまり割れないようそっと種をとり出す。ティースプーンなどを使ってフレッシュチーズを詰める（バナナピーマンのサイズや厚さによっては少し余る）。

2. **1**に手でオリーブオイルを全体に塗り、耐熱容器に入れる。ミニトマトにもオイルをからめまわりに並べる。

3. 200℃に予熱したオーブン（またはトースター）で約20分、全体が色づきバナナピーマンがやわらかくなるまで焼く。**A**を混ぜたものを仕上げにかける。

> 切り目を入れて詰めるのが面倒なら、ヘタをつけたまま縦半分に切ってボート形にしても。

-a

バナナピーマンの
チーズ詰め焼き

Πιπεριές γεμιστές με τυρί
ピペリエス・イェミステス・メ・ティリ

Column

いまどきのギリシャ居酒屋のメゼ

ギリシャはあまり流行りすたりが激しくないので、今のトレンドはこれ！というほどのものはないのですが、モダンなメゼレストランにはある程度似通ったスタイルが確立されているように感じます。ギリシャ各地の特産品を多くとり入れたメニューが多いのですが、昔ながらの伝統料理そのままというわけではなく、新旧ミックスしたような、ちょっとおもしろいアレンジを加えてあるのが今風。最近行ったメゼレストランで食べた料理や、複数の店で見かけるメニューの例をいくつかあげてみましょう。

アテネのアクロポリスに近いクカキ地区の人気メゼドポリオでは、月替わりのメニューを提供しているのですが、定番になっている人気料理もいくつかあります。ギガンテスという大きな白いんげん豆を揚げたものもそのひとつで、どのテーブルでも見かけるほど。サクッと揚がった豆の下には、スコルダリアというガーリック風味のディップにトマトを加えたオリジナルのソースが。上にはクリタモ（シーフェンネル）のピクルスがトッピングされていて、独特な香味が味わいに変化をつけてくれます。

もうひとつの人気メニューは、フレッシュチーズ詰めルクマデス。ルクマデスはギリシャのイーストドーナッツで、本来はお菓子なのですが、モダンギリシャ料理を出す店では塩味系のルクマデスも登場し、あちこちで見かけるメゼです。私が訪れた店のものは、少し塩気のあるチーズフィリングに、外側がサクッとした生地、仕上げにからめた蜂蜜と香ばしい胡麻がアクセントになって満足度の高いものでした。

別の店で食べたズッキーニのツナロールもおいしかったです。自家製ツナをマリネした生ズッキーニで巻いた一品ですが、食べやすく見た目もよく、理想的なメゼ。

このようなモダンなメニューを出すメゼドポリオはカジュアルな雰囲気で入りやすいので、旅行者にもおすすめ。時代とともにゆるやかに変わりゆくギリシャ料理を、ぜひ味わってみてください。

-a
-b
-c
-d

a.ギガンテスのフライ。豆料理のメゼはベジタリアンやヴィーガンにも人気が高い。b.ズッキーニのツナロール。ウゾや白ワインと相性がいい、軽やかな味わいのメゼ。c.フレッシュチーズ詰めルクマデス。香ばしく揚がった生地と甘じょっぱい味わいがおいしい。d.典型的なモダンギリシャ料理の店のインテリア。明るくかわいらしい雰囲気のところが多い。

Τα μεζεδάκια της παρέας

Μεζέδες με κρέατα και θαλασσινά

肉・魚介類のメゼ

ギリシャ風フィッシュタルタル

Ταρτάρ ψαριού
タルタル・プサリウ

古くから生の貝などを食べる文化があったギリシャでは、生の魚料理も定番化し、タルタル、カルパッチョ、たたきといった料理名はすっかりおなじみに。ちなみに柚子こしょうもギリシャの飲食店で流行った食材です。

⧖ 15分

材料（2人分）

刺身用の白身魚またはあじ…150g
A[
　玉ねぎ（みじん切り）…20g
　レモン汁、レモンこしょう…各小さじ1
　ケイパー（そのままたは粗みじん切り）
　　…小さじ2
　ディル（またはパセリ）（みじん切り）
　　…大さじ1強
　オリーブオイル…大さじ1
]
塩、こしょう…各適量
レモン（くし切り）…1切れ

1 魚は細かい角切りにしてボウルに入れる。Aを加えてあえ、塩、こしょうで味をととのえる。
2 器に盛り、レモンのくし切りを添える。

> レモンこしょうのかわりに、すりおろしたレモンの皮や柚子こしょうを使ってもそれぞれおいしい。

小いわしのマリネ

Γάυρος μαρινάτος
ガヴロス・マリナトス

⏳ 30分
+塩・酢・オイル漬け約半日

アンチョビ（小いわし、かたくちいわし）は、手頃な価格もうれしい魚のひとつです。小麦粉をまぶしてフライにしたり、塩とワインビネガーでしめマリネにしたものは、とくにウゾやチプロのお供にぴったりなメゼに。

材料 (作りやすい量)

かたくちいわし（または小さな真いわし）
　…250g
粗塩…約大さじ2
白ワインビネガー…1/4〜1/2カップ
にんにく（みじん切りまたは薄切り）…小1片
パセリ（みじん切り）…大さじ2
オリーブオイル（または癖のない植物油）
　…適量

1. いわしは頭と内臓をのぞき、手開きにして骨をとる。冷水を張ったボウルに入れ、何度か水をかえてよく洗う。ざるにあげ、水気をきる。

2. 粗塩をたっぷりふりながらバットなどに重ねていき、覆いをして冷蔵庫で1時間塩漬けにする。

3. 塩を洗い流し、水気をしっかりきる。バットなどに入れ、白ワインビネガーをひたひたに注ぐ。ラップで落としぶたをして冷蔵庫で2時間ほど酢漬けにする。

4. ざるにあげて汁気をきり、にんにくとパセリを散らしながら保存用の容器に並べる。オリーブオイルをひたひたに注ぎ -a、冷蔵庫で数時間〜半日おく。

-a

> 保存は冷蔵庫で約1週間。オリーブオイルは冷やすとかたまってくるので、お好みでひまわり油やグレープシードオイルとブレンドするか代用を。

魚のサヴォロ
Ψάρι σαβόρο
プサリ・サヴォロ

清々しいローズマリーが香る、揚げ魚のマリネです。
店で小魚フライなど頼むと山盛りで出てきて食べきれないことが多いのですが、
半分持ち帰りにして家でこれを作るのが密かな楽しみです。

⏳ 30分

材料（2人分）

- ひめじ、あじなどの小さな魚まるごと
  （またはホキなどの切り身）
  …250g（下処理済）
- 塩、こしょう…各適量
- 小麦粉…約大さじ3
- オリーブオイル…約大さじ4
- ローズマリー（そのままたは粗みじん切り）
  …5cmの枝3本
- にんにく（みじん切り）…1片
- A [白ワイン、白ワインビネガー…各1/2カップ
      砂糖…小さじ1]

1. 魚は普通に食べるときよりも少し多めに塩、こしょうをして、小麦粉をまぶす（袋を使うと粉がまぶしやすい）-a。

-a

2. あまり大きくないフライパンか鍋にオリーブオイルを入れ中火で熱し、1を数回に分けて揚げる。全体がきつね色に揚がったらキッチンペーパーにとり、ガラス製などの保存容器に並べる。

-b

3. フライパンに残った油にローズマリーを加え揚げ、にんにくも加え香りが立つまで炒める。Aを加え煮立て-b、2にまわしかける-c。冷蔵庫で数日もつ。

-c

海辺の居酒屋でたこが日干しにされているのは、ギリシャでよく見る風景。
余分な水分を抜いてから炭火焼きにするわけですが、
ほどよい歯応えでうまみが凝縮されたたこは、ウゾが進みすぎる魚介メゼの王様です。

⏳ 10分

材料 (2人分)

たこ (茹でた足) …1本 (150g)
塩、オリーブオイル…各適量
オレガノ…ひとつまみ
レモン (くし切り) …1切れ

1. たこは水分をよく拭きとり、オリーブオイルを手で薄く塗って塩をふりかける。
2. 魚焼きグリルなどで表面が少しこんがりするまで片面各5分ほど焼き、そのままかひと口大に切って器に盛る。オリーブオイルとオレガノをふりかけ (塩味が薄ければ塩も)、レモンを添える。

生のたこを使う場合

本来は生たこ (または冷凍の生たこ) を使います。生の場合は水分が抜けるので350〜400gを使用。伝統的な方法は生たこをよく叩いてから表面が革っぽい手触りになるまで日干しにし、こんがりと炭火焼きにします。別の方法は、洗ったたこを鍋に入れ、ふたをしてたこのもつ水分だけで40分程度弱火で煮てから汁気をきってグリルで焼きます。このふたつの方法だと味が濃いので、塩は味見して必要な場合のみふりかけます。

たこのグリル
Χταπόδι ψητό
フタポディ・プシト

ラムチョップのフライパン焼き
Αρνίσια παϊδάκια στο τηγάνι
アルニシア・パイダキァ・スト・ティガニ

いわしのオレガノ風味
Σαρδέλες ριγανάτες στο τηγάνι
サルデレス・リガナテス・スト・ティガニ

小魚と玉ねぎの揚げ焼き
Λιανόψαρα με κρεμμύδι στο τηγάνι
リアノプサラ・メ・クレミディ・スト・ティガニ

ムール貝の炒めマリネ
Μύδια πικάντικα
ミディア・ピカンティカ

ラムチョップのフライパン焼き

田舎へ行くと食べたくなるのが、シンプルな炭火焼きのラムチョップ。レシピは家庭版のフライパン焼きでご紹介。

⏳ 10分

材料（2人分）

ラムチョップ…300g
塩、こしょう…各適量
オリーブオイル…大さじ1と1/2
ローズマリーの枝（あれば）…5cm長さ2本
レモン…1/3～1/2個
オレガノ…適量

1 ラムチョップを室温にもどし、塩、こしょうをふる。

2 フライパンを中火で熱し、オリーブオイルをひいて1を並べ、ローズマリーもあれば加える。2～3分してラムの片面がほどよくこんがり焼けたらひっくり返す。

3 ラムはあまりいじらず、もう片面も色づくまで2～3分焼く。途中、レモンも切り口を下にして加え軽く焼く。器に盛り、塩とオレガノをふりかけレモンを添える。

いわしのオレガノ風味

ギリシャ人が大好きな、オレガノ、にんにく、レモンで味つけした一品。松脂風味のワイン、レチーナと一緒にいかがでしょう。

⏳ 20分

材料（2人分）

小さないわし…250g（約10尾）
塩…適量
オリーブオイル…大さじ2
にんにく（みじん切り）…1片
オレガノ…小さじ1/2＋仕上げに適量
レモン汁…大さじ1＋好みで適宜

1 いわしは頭と内臓をとって洗い、水気をきる。塩をふり、キッチンペーパーの上に並べ10分ほどおく。

2 フライパンにオリーブオイルをひいていわしを並べ、にんにくを散らし-a、弱めの中火にかける。にんにくが焦げないよう気をつけながらいわしの底面が少し色づくまで焼き、ひっくり返す。

3 オレガノとレモン汁をふりかけてふたをし、いわしに火が通るまで数分蒸し焼きにする。途中、フライパンをゆすってオイルをからめる。器に盛りオレガノをふりかけ、好みでレモンを添える。

a

小魚と玉ねぎの揚げ焼き

エーゲ海のいくつかの島で見かけた魚料理。
サモス島のフィッシュレストランでは、
小魚と玉ねぎのほか小えびも入っていました。

⏳ 15分

材料 (2人分)

わかさぎ…100g
塩…ふたつまみ
玉ねぎ (薄切り)…小1/2個 (50g)
小麦粉…大さじ2〜3
オリーブオイル…約大さじ3
レモン…適量

> フライパンは直径15cmのものが適しています。

1 わかさぎはきれいに洗ってざるにあげ、塩をふり混ぜしばらくおいて水気をきる。

2 **1**をボウルか袋に入れ、玉ねぎと小麦粉を加え、全体に粉がいきわたるよう混ぜる。

3 フライパンを中火で熱し、オリーブオイルをひいて**2**を丸く平たい形に入れ-a、揚げ焼きにする。底がこんがりしたらそっとひっくり返し、反対側も同様に揚げ焼きにする。皿に盛りレモンを添える。

a

ムール貝の炒めマリネ

アテネの大衆居酒屋で食べたのを真似て
家でも作るようになったメゼ。
むき身で作るので、ちょこちょこ
つまむのにぴったりです。

⏳ 10分

材料 (2人分)

冷凍ムール貝 (むき身)…250g
オリーブオイル…大さじ3
にんにく (粗みじん切り)…1片
赤唐辛子フレーク…小さじ1/4
ターメリックパウダー…小さじ1/4
塩、こしょう…各適量
A [ディジョンマスタード…小さじ1
    白ワイン…大さじ2]
白ワインビネガー…小さじ1〜2

1 ムール貝は解凍して水気をきり、足糸が残っていたらとりのぞく。

2 小さなフライパン (または鍋) にオリーブオイルとにんにく、赤唐辛子フレークを入れて弱火でゆっくり香りを出す。

3 にんにくが色づきかけたらターメリックパウダー、ムール貝の順に加え、塩、こしょうをふり、炒めあわせる。**A**を加え、少し水分をとばすように炒め煮にし、塩、こしょうと白ワインビネガーで味をととのえる。

ムール貝のサガナキ

Μύδια σαγανάκι
ミディア・サガナキ

北ギリシャの街テサロニキの名物メゼのひとつが、ムール貝のサガナキです。マスタードにワインやフェタチーズをあわせた白っぽいソースがテサロニキ風。我が家のレシピはバターと隠し味のシナモンがポイントです。

⏳ 15分

材料 (2人分)

- 冷凍ムール貝 (むき身)…150g
- にんにく (みじん切り)…1片
- オリーブオイル…大さじ1
- 甘長唐辛子 (またはピーマン) (薄切り)…1/4本 (20g)
- トマト (さいの目切り)…中1/2個 (70g)
- 白ワイン…大さじ2
- ディジョンマスタード…大さじ1/2
- A
  - フェタチーズ (P.10) (さいの目切り)…40g
  - バター…10g
  - パセリ (粗みじん切り)…大さじ2
- 塩、こしょう、シナモンパウダー (好みで)…各適量

1. ムール貝は解凍して水気をきり、足糸が残っていたらとりのぞく。

2. 小さなフライパンににんにくとオリーブオイルを入れて弱火にかけ、香りが立ったら1を加え中〜強火で少し炒め-a、甘長唐辛子とトマトも加え、トマトの角がとれるまで炒めあわせる。

3. 白ワインとマスタードを加えアルコールがとぶまで煮て、Aを加える-b。チーズがとろけたら塩、こしょうと隠し味程度のシナモンパウダーで味をととのえる。

> トマト抜き、または生トマトのかわりにトマトペースト大さじ1/2を加え作ってもいいです。

-a
-b

豚肉、ヒラタケ、プルーンのティガニァ

⏳ 20分

Ψαρονέφρι τηγανιά με μανιτάρια και δαμάσκηνα

プサロネフリ・ティガニァ・メ・マニタリア・ケ・ダマスキナ

食べやすい大きさに切った豚肉を
フライパン（ティガニ）で手早く調理した
「ティガニァ」は、ワインやチプロに合うメゼ。
今ではいろんな材料で作られるようになった
自由度の高い料理です。

材料 (2人分)

豚ヒレ肉（ひと口大に切る）…150g
塩、こしょう…各適量
オリーブオイル、バター…各大さじ1
にんにく（みじん切り）…小1片
ヒラタケ（大きく裂く）…150g
A ┌ プルーン（4つに切る）…2〜4個
　├ 赤ワイン…1/4カップ
　├ 蜂蜜…小さじ2
　├ ディジョンマスタード…小さじ1/2
　└ バルサミコビネガー（好みで）…大さじ1/2

1 豚ヒレ肉に塩、こしょうをする。フライパンを中火で熱し、オリーブオイルをひいて豚肉を焼く。焼き色がつき火が通ったら一旦取り出す。

2 火を弱めて同じフライパンにバターとにんにくを加え、香りが立ったらヒラタケを加え中火にして色づくまで炒める。1を戻し入れてAを加え、汁気をとばしながら炒め、塩、こしょうで味をととのえる。

田舎風ソーセージ

Σπιτικά χωριάτικα λουκάνικα
スピティカ・ホリアティカ・ルカニカ

ギリシャ各地にはさまざまなソーセージがありますが、家庭で作れるベーシックな田舎風ソーセージをご紹介します。もう少し本格的に作りたい場合は一部の肉を包丁で刻み、ケーシングに詰めてください。

⌛ 20〜30分
＋数時間寝かせる

材料 (作りやすい量／約4人分)

豚粗びき肉…500g

A
- 塩…小さじ1
- こしょう、赤唐辛子フレーク、パプリカパウダー…各小さじ1/2
- オレガノ、タイム (生または乾燥)…各小さじ1
- クミンパウダー、オールスパイスパウダー…各小さじ1/4
- にんにく (すりおろす)…1片

油…適量
レモン、マスタード (好みで)…適宜

1. ひき肉をボウルに入れAを加え、粘りが出るまで手でこねるようにして混ぜあわせる。冷蔵庫で数時間〜1日休ませる。

2. 1を4つに分け、ソーセージ形に成形する (ラップを使うとやりやすい) -a。フライパンを中火で熱し、油をひいて焼く。早く焦げすぎないよう火加減して転がしながら焼き、全体がこんがり焼けて火が通ったら器に盛り好みでレモンやマスタードを添える。

> 焼いてそのまま食べる以外に、田舎風オムレツ (P.64)、ひよこ豆とギリシャ風ソーセージのオレンジ風味 (P.94) ほか、さまざまな料理に使えます。

-a

赤魚のブルデット
Κοκκινόψαρο μπουρδέτο
コキノプサロ・ブルデト

ケルキラ島の有名な郷土料理に白い魚料理と赤い魚料理があるのですが、本書では「ブルデット」と呼ばれる赤い煮魚をご紹介します。パプリカをたっぷり入れたピリ辛なソースは、元々トマトなしで作られていたそう。

⏳ 20分

材料 (2人分)

赤魚…250g
塩、こしょう…各適量
玉ねぎ (みじん切り) …中1/2個 (70g)
にんにく (みじん切り) …大1片
オリーブオイル…大さじ3
A ┌ パプリカパウダー…小さじ1
  │ カイエンペッパー…小さじ1/4〜好みの量
  └ トマトペースト…大さじ1/2〜1
レモン汁…約大さじ1

1. 魚は塩、こしょうをしてしばらくおいておく。
2. 鍋か深さのあるフライパンに玉ねぎとオリーブオイルを入れ、弱〜中火で炒める。玉ねぎがやわらかくなり、少し色づいてきたらにんにくを加え香りが立つまで炒める。
3. Aを加えオイルになじませるように炒める。水1/2カップ (分量外) を加え煮立て、魚を加える。
4. 2分ほどぐつぐつ煮てから火を弱め、ふたをして10分ほど煮る。途中、何度か魚に煮汁をかける。魚に火が通りソースが適度に煮詰まったら、レモン汁と塩、こしょうで味をととのえ火からおろす。

> カサゴやアンコウ、サメなどで作るのもおすすめ。

魚とオクラのオーブン焼き

⏳ 30分

Ψάρι με μπάμιες στο φούρνο

プサリ・メ・バミエス・スト・フルノ

魚とオクラのオーブン焼きは、夏の間に一度は作りたくなるクレタ島の郷土料理。完熟トマトの甘酸っぱさが全体をまとめ、レモンがさわやかさをプラスします。切り身で作ると食べやすくてメゼにぴったり。

材料（2人分）

白身魚の切り身…2切れ（約150g）
塩、こしょう…各適量
オクラ…130g
玉ねぎ（みじん切り）…中1/4個（40g）
にんにく（みじん切り）…1片
オリーブオイル…大さじ2〜3
トマト（すりおろす）…中1個（150g）
パセリ（粗みじん切り）（あれば）…大さじ1
レモン（スライス）…2枚

1. 魚に塩、こしょうをふる。オクラは包丁でヘタをぐるっとむく。

2. 鍋かフライパンに玉ねぎとオリーブオイル大さじ1を入れ、しんなりするまで弱火で炒める。にんにくを加え香りが立つまで炒め、トマトを加えソースっぽくなるまで少し煮る。パセリを加え、塩、こしょうで味をととのえる。

3. 耐熱容器に魚とオクラを並べ、**2**を全体にかける。魚の上にレモンを1枚ずつのせ、オリーブオイル大さじ1〜2をまわしかける-a。200℃に予熱したーブンで少しこんがりするまで15〜20分焼く。魚がまんべんなく焼けるよう、レモンは途中で移動させる。

-a

チキンの ミニコンドスブリ

Κοντοσουβλάκι κοτόπουλο
コンドスブラキ・コトプロ

コンドスブリは串焼き肉の一種で、本来はげんこつ大の肉を大きな串に刺してじっくり焼きあげた料理です。ちょっと矛盾する気がしないでもないですが、最近ではチキンの小さなコンドスブリもたまに見かけます。

⏳ **20分**
＋マリネ液漬け込み数時間

材料（2人分）

鶏もも肉…300g
A ┌ 塩、こしょう…各小さじ1/2
　├ パプリカパウダー、オレガノ、
　│　ディジョンマスタード…各小さじ1/2
　├ にんにく（すりおろす）…小1片（小さじ1/4）
　├ レモン汁、オリーブオイル…各大さじ1
　└ 玉ねぎ（極薄切り）…少し（約10g）
レモン、ジャジキ、レッドソース（好みで）…適宜

1. 鶏肉は5cm角ほどに切り、**A**をあわせたマリネ液をもみ込んで数時間～ひと晩冷蔵庫で寝かせる。
2. 金串2本に**1**を等分に刺す。なかまで火が通り、表面がこんがりするまで魚焼きグリルで焼く。
3. 好みでレモンやジャジキ、レッドソースを添える。

> オニオンスライス、トマト、レタスやピタパン（P.37）と一緒に食べても。

レッドソース
Κόκκινη σάλτσα για σουβλάκια
コキニ・サルツァ・ヤ・スヴラキァ

ファストフード系焼き肉料理には、トマトやパプリカのソースが添えられることも。

材料（2人分）

オリーブオイル…大さじ1
にんにく（みじん切り）…1片
トマトペースト…大さじ1
A ┌ 塩、こしょう、砂糖
　│　…各ひとつまみ程度
　└ パプリカパウダー、
　　　カイエンペッパー…各小さじ1/4
コーンスターチ…小さじ1
水…1/2カップ

1. 小鍋ににんにくとオリーブオイルを入れて弱火にかける。生っぽさがなくなり香りが立ったらトマトペーストを加え、オイルになじませるようにして炒める。
2. **A**、分量の水で溶いたコーンスターチを加え数分煮て、味をととのえる。

ジャジキ
Τζατζίκι
ジャジキ

焼き肉料理にはかかせない、にんにくのきいたヨーグルトベースのディップ。

材料（2人分）

きゅうり…1/2本（50g）
塩、白ワインビネガー…各少々
にんにく（すりおろす）…小1片
ギリシャヨーグルト…100g
オリーブオイル…大さじ1/2

1. きゅうりをグレーターで粗くすりおろし、塩をふって水分が出てきたらよく絞る。残りの材料を加え、味をととのえる。

< 85 >

牛肉のソフリト

Μοσχάρι σοφρίτο

モスハリ・ソフリト

牛肉を香り高いソースで仕上げた、ケルキラ島の郷土料理。
にんにくもパセリもたっぷり入れるのが、おいしさの秘訣です。
長く煮込む作り方が多いのですが、
サーロインやヒレなどやわらかい部位を使えば時短料理に。

⌛ 20〜30分

材料 (2人分)

牛肉 (サーロインなどやわらかい部位)…200g
塩、こしょう、小麦粉…各適量
オリーブオイル…大さじ2
にんにく (粗みじん切り)…大1片
A ┌ 白ワインビネガー…約大さじ1
　└ 白ワイン…1/4カップ
B ┌ ビーフブイヨン (または水)…1/2カップ
　└ パセリ (粗みじん切り)…1/4カップ

1. 牛肉は余分な脂をのぞき、叩いて1cmほどの厚さにする。塩、こしょうをして、小麦粉をまぶす-a。
2. フライパンを中火で熱し、オリーブオイルをひいて肉を両面色づくまで焼く。
3. フライパンの端ににんにくを加え香りが立つまで炒め、**A**を加えさっと煮立てる。**B**を加え、ソースにとろみがつくまで数分煮る。塩、こしょう (好みで白ワインビネガーも) で味をととのえる。

> お好みでフライドポテトやマッシュポテトを添えても。

-a

< 86 >

えびのタヒニトマトソース

Γαρίδες με σάλτσα από ταχίνι και ντομάτα

ガリデス・メ・サルツァ・アポ・タヒニ・ケ・ドマタ

クリスチャンが多いギリシャでは、一部のシーフードをのぞき動物性食品をとらない節食期間があります。このレシピは節食メニューを考えていたときに思いついたもの。ごまのコクが加わったトマトソースがユニークな味わいです。

⏳ 20分

材料 (2人分)

- えび（無頭、中サイズ）…10尾（200g）
- 塩、こしょう、白ワイン（または酒）…各適量
- オリーブオイル…大さじ1
- にんにく（みじん切り）…1片
- トマトペースト…大さじ1
- タヒニ（または練りごま）…大さじ1
- 水…約1/2カップ
- パセリ（粗みじん切り）…大さじ1

1. えびは殻をむき、背わたをとる。塩、こしょう、白ワイン各少々をまぶす。フライパンを中火で熱し、オリーブオイルをひいてえびを加え片面が色づくまで焼く。
2. えびをひっくり返しフライパンの端に寄せてにんにくを加え、香りが立つまで炒める。にんにくを炒めているところにトマトペーストを加えオイルになじませるように炒め、タヒニも加え混ぜあわせる-a。
3. 水を少しずつ加えのばし、ソースをえびにからめ軽く煮て、塩、こしょうで味をととのえる。器に盛り、パセリを散らす。

> パスタソースにするのもおすすめ。食べやすいよう殻なしで作りましたが、頭や殻のついたえびで作ってもOK。タヒニは輸入食品をとり扱う店でよく売っています。

-a

手羽元の
パスティツァーダ
Κοτόπουλο παστιτσάδα
コトプロ・パスティツァーダ

スパイス入りのトマトソースで肉を煮込んだ料理は全国で見られますが、ケルキラ島のパスティツァーダは多くのスパイスをブレンドするのが特徴。メゼとして食べられるよう、小さな骨付き肉の手羽元で作ってみました。

⏳ 30〜40分

材料 (2人分)

鶏手羽元…6本 (約300g)
塩、こしょう…各適量
オリーブオイル…大さじ1
玉ねぎ (みじん切り) …小1/2個 (50g)

A
- にんにく (みじん切り) …1片
- カレー粉、シナモンパウダー、クローブパウダー、砂糖…各ひとつまみ

B
- ローリエ…1枚
- トマト (すりおろす) …大1個 (200g)
- トマトペースト…大さじ1
- 赤または白ワインビネガー…小さじ1

1. 手羽元は、塩、こしょうをふる。フライパンを中火で熱し、オリーブオイルをひいて手羽元を並べ、全体に焼き色をつける。

2. 手羽元をフライパンの端に寄せ、空いたところに玉ねぎを加え、弱火にしてしんなりするまで炒める。**A**を加え軽く炒め、**B**と水1/2カップ (分量外) を加えふたをして20〜30分煮込む。

3. 手羽元がやわらかくなリソースがほどよく煮詰まったら、塩、こしょうで味をととのえ火からおろす。

> お好みでチーズをふりかけたり、パスタと一緒に食べるのもおすすめです。

たらフライのスコルダリァ添え

Μπακαλιάρος σκορδαλιά

バカリァロス・スコルダリァ

ギリシャでは干しだらで作られる料理。フライそのものはシンプルなのですが、スコルダリァというガーリックディップがあわさることで味が完成します。ドライトマトのフリット（P.27）の衣で作るのも、とてもおすすめです。

⏳ 30〜40分

材料（2人分）

- じゃがいも…小1個（100g）
- A
  - 塩…適量
  - にんにく（すりおろし）…1/2〜1片
  - 白ワインビネガー…大さじ1〜1と1/2
  - オリーブオイル…大さじ1と1/2
- 甘塩たら…200g
- こしょう（好みで）…適宜
- 小麦粉…約大さじ2
- 揚げ油…適量

1. じゃがいもは皮をむいて適当な大きさに切り、やわらかくなるまで茹でる。軽く水気をきってフォークなどでつぶし、Aを加え味をととのえる。

2. たらに好みでこしょうをふり、小麦粉をまぶす。揚げ油を中温に熱し、たらを入れきつね色になるまで揚げる。網かキッチンペーパーにとって油をきる。

3. **2**を器に盛りつけ**1**を添える。

フロリナ風ミニケバブ

Κεμπάπια Φλώρινας
ケバピア・フロリナス

⏳ 20~30分
+ 数時間~寝かせる（できれば）

北ギリシャの街フロリナで食べたいのが、ひき肉の小さなケバブ。本来はラム肉も加えた3種類のひき肉で作るので、もし手に入るならお試しを。生玉ねぎと赤唐辛子フレークのつけあわせがおいしさを倍増させます。

材料 (2人分)

合いびき肉…250g
塩、クミンパウダー…各小さじ1/2
こしょう、オールスパイスパウダー
　…各小さじ1/4
パンの白い部分…25g
オリーブオイル（またはサラダ油）…大さじ1
玉ねぎ（薄切り）、赤唐辛子フレーク…各適量

1. ひき肉をボウルに入れ、塩とスパイス類を加え粘りが出るまでこねる。パンを冷水に浸し軽く水気をきって加え、さらに弾力が出るまでこねる。時間があれば数時間~1日冷蔵庫で休ませる。

2. ひき肉だねを皿かバットに出して長方形にならす。16等分に切り分け、親指大に細長く成形する -a。

3. フライパンを熱し、油をひいて2を並べる。全体がこんがりして火が通るまで、弱めの中火で転がしながら焼く -b。器に盛り、玉ねぎと赤唐辛子フレークを好みの量添える。

-a

-b

⏳ 15分
＋ケバブの調理時間（P.92参照）

ケバブの
ヨーグルト焼き

Κεμπάπ με γιαούρτι στο φούρνο

ケバブ・メ・ヤウルティ・スト・フルノ

そのままでパクパクいくつでも食べられそうな
ミニケバブですが、ちょっと目先を変えて
こんなアレンジも。いっぱい作って余ったケバブの
リメイク料理として作るおつまみのひとつです。

材料（2人分）

ミニケバブ（P.92）…10個
A ┌ プレーンヨーグルト…150g
 └ 小麦粉…大さじ1
バター…適量

1. バターを塗った耐熱容器にミニケバブ（生）を並べ-a、200℃に予熱したオーブン（またはトースター）で少し色づくまで約15分焼く。

2. Aをなめらかに溶けあわせたものをかけ、小さく切ったバターを点々とのせてオーブンに戻し10〜15分焼く。

-a

> 余った調理済みケバブで作る場合、手順1は省きます。

ひよこ豆と
ギリシャ風ソーセージの
オレンジ風味

Ρεβύθια με λουκάνικα και πορτοκάλι

レヴィスィア・メ・ルカニカ・ケ・ポルトカリ

ギリシャにはオレンジ風味のソーセージがあるのですが、
オレンジを加えたソーセージの料理も好きでよく作ります。
もうちょっと甘みがほしい場合は、仕上げに蜂蜜を少量加えてみてください。

40分

材料 (2人分)

田舎風ソーセージ (生) (P.81)…100g
オリーブオイル…大さじ2
玉ねぎ (粗みじん切り)…小1/2個 (50g)
A ┌ トマト (すりおろす)…中1/2個 (70g)
  │ トマトペースト…大さじ1/2
  │ オレンジ (すりおろした皮と搾り汁)
  └   …1/2個 (100g)
ひよこ豆水煮缶
    …1/2缶 (固形分約120gと缶汁半量)
ローリエ…1枚
塩、こしょう…各適量

1. 田舎風ソーセージはひと口大ほどの大きさにラフに丸める。フライパンを熱し、オリーブオイル大さじ1を加え弱めの中火で焼く。両面が色づいたら-a、一旦とり出す。肉汁が焦げすぎていたらフライパンをさっと拭くか洗う。

2. 同じフライパンにオイル大さじ1を足し、玉ねぎを加え色づかせないように弱火で炒める。やわらかくなったらAと塩ひとつまみを加え、ソースっぽくなるまで少し煮る。

3. ひよこ豆と缶汁、ローリエ、1を加え、ひたひたに水加減する-b。ふたをして弱火で約10分、ソースがとろりとして味がなじむまで煮る-c。塩、こしょうで味をととのえる。

市販のソーセージで作ってもOK。その場合は1.5cmほどの厚さに切り、手順3でオレガノ、クミン、赤唐辛子フレーク各ひとつまみを加えます。

-a

-b

-c

ディルレモン唐揚げ
Κοτόπουλο karaage με άνηθο και λεμόνι
コトプロ・カラアゲ・メ・アニソ・ケ・レモニ

ギリシャ料理ではなく、ギリシャ風にアレンジした唐揚げです。
ディルは揚げると香りがとんでしまうので、
たっぷり加えて肉のなかにも巻き込むことでふわっと香り高い仕上がりに。

⌛ 40分

材料（2人分）

鶏むね肉…250g
A ┌ レモンこしょう（または柚子こしょう）
  │   …小さじ2
  │ レモン汁、オリーブオイル…各大さじ1/2
  │ 白ワイン（または酒）…大さじ1
  └ ディル（みじん切り）…1/2カップ（20g）
薄力粉、コーンスターチ（または片栗粉）
    …各大さじ3
揚げ油…適量
レモン（好みで）…適宜

1. 鶏むね肉はそぎ切りにしてボウルに入れ、**A**をもみ込み10〜15分ほどおく。
2. ディルを包み込むようにして肉をまとめ-a、薄力粉とコーンスターチをあわせたものをしっかりまぶす-b。
3. 鍋かフライパンに油を1cm深さほど入れ、中温に熱して**2**を加え揚げる。
4. できれば二度揚げすると衣がサクッと仕上がる。きつね色に揚がったらキッチンペーパーにとる。器に盛り、好みでレモンを添える。

-a

-b

チキンのみかん風味オーブン焼き

Κοτόπουλο με μανταρίνια
コトプロ・メ・マンダリニァ

ギリシャの冬にこたつでみかん……はできないけれど、
甘くておいしいみかんは豊富にあります。そのまま食べるだけでなく、料理に使うことも。
チキンと一緒に焼いたみかんは焦げてなければ皮ごと食べられます。

⧖ **40分**
＋マリネ液漬け込み
数時間（できれば）

材料 (2人分)

鶏手羽元 (手羽中と混ぜても)…8本 (400g)

A ┌ 塩…小さじ1/2
　│ こしょう…適量
　│ タイム (葉のみ) (好みで)…2〜3本
　│ （または乾燥タイム…小さじ1/2）
　│ にんにく (すりおろす)…小1片
　│ ディジョンマスタード…小さじ1
　└ オリーブオイル…大さじ1/2

みかん…小2個

1. 手羽元に**A**をもみ込み、時間があれば数時間冷蔵庫でマリネする。

2. オーブンペーパーを敷いた天板か耐熱容器に**1**を並べ、みかん1個を輪切りにして加える。もうひとつのみかんと切れ端は、握って搾りかける-a。

3. 220℃に予熱したオーブンに入れ、汁気がほぼなくなり手羽元がこんがりするまで約30分焼く。途中何度か返して焼き汁をからめ、みかんが焦げそうなら先にとり出しておく。

a

< 97 >

砂肝のレモン＆ハーブ風味オイル煮

Στομάχια κοτόπουλου με μυρωδικά και λεμόνι
ストマヒア・コトプル・メ・ミロディカ・ケ・レモニ

ちょっと手間や時間はかかるけれど、作っておけばしばらく楽しめるのがうれしい、ワインに合う砂肝のおつまみです。砂肝は塩をまぶしておくことで、味がしっかりとついてくさみもとれます。

⏳ 45分
+塩漬け数時間

材料（作りやすい量）

砂肝…500g
塩…小さじ1と1/2

A ┃ にんにく（包丁の腹で軽くつぶす）…1片
 ┃ ローリエ…1枚
 ┃ オレガノ…小さじ1
 ┃ タイム（またはローズマリーの枝）（あれば）
 ┃ …数本
 ┃ こしょう（粗びき）…好きなだけ
 ┃ レモン（スライス）…3枚
 ┃ オリーブオイル（または癖のない植物油
 ┃ と半々）…1/3カップ

1. 砂肝は綺麗に洗って、脂や厚い皮などとくに気になる部分だけのぞき食べやすく切る。塩をまぶし数時間〜できればひと晩冷蔵庫で寝かせる。

2. **1**をざるに入れて洗い、水気をキッチンペーパーで拭きとり鍋に入れる。**A**を加え-a、オーブンペーパーで落としぶたをして中火にかける。

3. 沸騰してきたら弱火にし、汁気がとんでほぼオイルだけが残るまで30分以上煮る。

> 保存は清潔な容器で。砂肝から出た水分をとばしコンフィのようにオイルに浸かった状態だと冷蔵庫で1週間くらいは持ちますが、その場合はオイルの量を多めにしてください。

-a

いいだこのスティファド
Μοσχιοί στιφάδο
モスヒィ・スティファド

スティファドは、たっぷりの玉ねぎが入ったギリシャ風シチュー。たこで作ったものはメゼにもぴったりです。ギリシャで売っている小さなたこは「ジャコウダコ」という種類なのですが、いいだこで同じように作れます。

⧖ 60分

材料（作りやすい量）

小玉ねぎ…8〜10個（約200g）
いいだこ（生）…正味300g
にんにく（薄切り）…1片
オリーブオイル…大さじ1〜2
A ┌ トマトペースト…大さじ1
  │ 赤ワイン…1/4カップ
  │ ローズマリー（あれば）…5cmくらいの枝1本
  │ ローリエ…1枚
  │ 塩…適量
  │ 黒粒こしょう…10粒
  └ シナモンスティック…1/4本
赤または白ワインビネガー…大さじ1/2〜1
蜂蜜…小さじ1

1 小玉ねぎは熱湯をかけ数分おき、皮をむく。たこはよくもみ洗いし、食べやすい大きさに切る。

2 鍋にオリーブオイルを熱し、小玉ねぎを加え軽く焼き色をつける。たこを加え軽く炒める。

3 **A**を加え、ふたをして弱火で30〜40分煮込む。途中、汁気が少なくなりすぎたら水を適宜足す。

4 たこと玉ねぎがやわらかくなり、ソースにとろみが出たらワインビネガーと蜂蜜を加え味をととのえ、火からおろす。しばらくおいて味をなじませる。

> 普通のたこで作ってもOK。小玉ねぎがなければ、玉ねぎ大1個を大きめのくし切りにして加えます。

Column

カフェニオに見るメゼの流儀

　居酒屋とはまた違った形態の店ですが、メゼの流儀や作法のようなものを見てとれるのがカフェニオです。ギリシャに数多くあるカフェのなかでも、昔ながらの雰囲気の伝統的なコーヒーハウスがそう呼ばれます。カフェニオではお酒やおつまみも出しているので、年配の男性が朝から一杯やっているのもよく見かけるのですが、午前中からお酒を飲む人が一般的に抱かれるようなイメージにはあてはまらないことに、ちょっと感心します。

　カフェニオでウゾやチプロを飲みながらメゼをつまんでいる男性を観察してみると、基本スタイルや作法のようなものがあることに気づかされます。まず座り方。テーブルや同行者には対面せず、目の前に開かれた世界と向かい合っているという感じの人が多い印象。ほかのテーブルで熱く繰り広げられてる議論に参加してみたり、通りがかった知人にあいさつしたり、はたまた静かに思考をめぐらせる哲学者のようでもあったり……。

　テーブルにおかれているのは、たとえば一杯のウゾと簡素なメゼの皿。ひと切れのパンか乾パン、オリーブ、チーズ、ただ切っただけのきゅうりやトマト、塩漬けのアンチョビなど。もうちょっと手のかかったものだと小さな揚げミートボールやチーズのミニパイ、ありあわせの野菜などで作った煮込みといった料理も加わりますが、伝統的なカフェニオのメゼは昨今の居酒屋で出されるものとくらべ、本来のメゼらしいひかえめな量です。

　お酒とメゼは酔っぱらったりお腹を満たすものではなく、あくまでもほどほどが粋な愉しみ方とされます。カフェニオにはその流儀を体得した、いわばメゼの達人がたくさんいるわけですが、長い長い会話の合間に時折メゼやお酒を口にする姿を見ていると、このような光景は古代ギリシャの時代からずっと続いてきたのだろうなと想像させられます。

a

b

d

c

a.「たまり場」という名前のカフェ。伝統的なカフェニオはおじさんたちの憩いの場所。b.道ゆく人をながめたり議論に興じたりする、カフェニオの典型的スタイル。c.昔ながらのカフェニオに、アーティスティックなアクセントを加えたインテリアの店。d.メゼつきでお酒を頼むと、このようなピキリア（盛り合わせ）が出てくることが多い。

Τα μεζεδάκια της παρέας

Ελαφριά πιάτα με ρύζι και ζυμαρικά

シメのごはん

アヴゴレモノ雑炊
Zosui με αυγολέμονο
ソウスイ・メ・アヴゴレモノ

卵とレモンで仕上げるクリーミーなアヴゴレモノスープは
お米入りで作られることが多いのですが、ちょっと多めにごはんを入れて
シメの雑炊がわりにしてみました。食べるときにチーズをかけるのはザキントス島風。

⏳ 10分

材料 (2人分)

ごはん…100g
A [卵…1個
    レモン汁…大さじ1]
水…300ml
鶏ガラスープの素…小さじ1と1/2
バター…10g
粉チーズ、こしょう…各適量

1. ごはんはざるに入れてさっと洗う。Aは泡立て器でよく溶きあわせておく。
2. 鍋に水を入れて沸かし、鶏ガラスープの素とごはんを加え静かに煮る。ごはんの粒が少しほどけたらごく弱火にし、バターと1の卵を加え、卵がモロモロにならないよう泡立て器で混ぜながら少しとろみが出るまで加熱する。
3. 器に盛り、粉チーズとこしょうを好みの量かける。

> 酸味が強いほうがお好みなら、食べる
> ときにレモンも足してください。

オリーブのおにぎり
Onigiri με ελιές
オニギリ・メ・エリェス

⏳ 5〜10分

オリーブやケイパーは、いわばギリシャのお漬物。
意外と白ごはんにも合うので、
よくこんなおにぎりを作っています。
写真ではカラマタオリーブを使っていますが、
ほかのオリーブでもお試しを。

材料（2人分）

ごはん…150g
A ┌ オリーブ（薄切りまたは粗刻み）…5粒
　├ 塩、オリーブオイル…各少々
　└ 白いりごま…小さじ1/2
焼き海苔（好みで）…3切サイズ1〜2枚

1. 熱々のごはんにAを加え混ぜ、2等分にして好きな形のおにぎりにする。塩は手塩のほうが好みなら、ごはんには加えず手につけて握る。

2. 好みで海苔を巻く。

ギリシャ丼

　ごはんをしっかり食べたいというときは、「ギリシャ丼」もおすすめです。焼いた肉に、ジャジキやトマトソースなどをかけて、野菜と一緒にごはんの上にのせれば完成。写真は、チキンのコンドスブリ、ジャジキ、レッドソース（いずれもP.84）、レタス、オニオンスライス、トマトで作りました。
　本書に掲載のレシピでは、ほかに田舎風ソーセージ（P.81）、フロリナ風ミニケバブ（P.92）、ディルレモン唐揚げ（P.96）なども合うと思います。

鯖缶プサロスパ にゅうめん

Ψαρόσουπα με σκουμπρί και νουντλς
プサロスパ・メ・スクブリ・ケ・ヌードルズ

⏳ 15分

ギリシャのフィッシュスープ「プサロスパ」に
ヒントを得た、セロリが香る
さっぱりレモン味のにゅうめんです。
ストックしておくと便利な
さばの水煮缶を使ったお手軽レシピ。

材料 (2人分)

玉ねぎ (薄切り)…小1/2個 (50g)
オリーブオイル…大さじ2
野菜ブイヨン (薄め) (または水)…600ml
さば水煮缶…1缶 (約200g)
セロリの葉と細い枝 (ざく切り)…50g
レモン汁…約大さじ2+適宜
塩、こしょう…各適量
そうめん…2束 (100g)

1 鍋に玉ねぎとオリーブオイル大さじ1を入れ、ふたをして弱火にかけ色づかせないよう蒸し炒めにする。やわらかくなったら野菜ブイヨンを加え煮立て、弱〜中火でふたをして約3分煮る。

2 セロリと汁ごとのさば缶を加え、身を大きめにほぐし軽く煮てレモン汁と塩、こしょうで味をととのえる。

3 そうめんをかために茹でて加え、オリーブオイル大さじ1をまわし入れグラグラッと煮立て乳化させ火からおろす。器に盛り、食べるときに好みでさらにレモンを搾り入れる。

⏳ 15分

ギリシャヨーグルトと
フライドオニオンのパスタ

Μακαρόνια με γιαούρτι και τηγανητά κρεμμύδια

マカロニア・メ・ヤウルティ・ケ・ティガニタ・クレミディア

オリーブオイルかバターに、チーズだけなど、
シンプルなパスタがギリシャ各地で食べられています。
茶色くなるまで揚げた香ばしい玉ねぎの
トッピングは、ドデカニサ諸島で好まれるものです。

材料（2人分）

A ┌ ギリシャヨーグルト…大さじ3
　├ オリーブオイル…大さじ1
　└ 粉チーズ…大さじ1
塩、こしょう…適量
パスタ…120g
市販のフライドオニオン…大さじ2
粉チーズ…適量（トッピング用）

1　ボウルにAをあわせ、塩少々とこしょうを好みの量加えておく。

2　パスタをパッケージの指示に従って茹で、茹で汁も少し入るようすくって1に加えあえ、味をととのえる。

3　パスタを器に盛ってフライドオニオンをのせ、チーズとこしょうを好みの量ふりかける。

トマトとオリーブの軍艦巻き

Gunkan-maki *σούσι με ντομάτα και ελιές*

グンカンマキ・スシ・メ・ドマタ・ケ・エリェス

アボカドとたらこの軍艦巻き

Gunkan-maki *σούσι με αβοκάντο και ταραμάς*

グンカンマキ・スシ・メ・アボカド・ケ・タラマス

トマトとオリーブの軍艦巻き

サラダ感覚で食べられる、野菜のお寿司。色鮮やかな見た目もよく、
さっぱりおいしいのが気に入っています。

⌛ 15分

材料 (4貫分)

酢飯…茶碗小盛り1杯 (80〜100g)
焼き海苔…16×4cmに切ったもの4枚
グリーンオリーブ (粗刻み) …4〜5粒 (20g)
醤油、オリーブオイル…各小さじ1/2
トマト (小さな角切り) …小1/2個 (50g)
ルッコラの葉…小4枚

1 酢飯は4つに分けて楕円形に握り、海苔を巻く。

2 グリーンオリーブに醤油とオリーブオイルを加え混ぜ、余分な汁気をきったトマトも加えあえる。

3 **1**の軍艦にルッコラの葉を1枚ずつのせ、**2**を等分に盛る。

アボカドとたらこの軍艦巻き

ギリシャ食材も、積極的に和食に使っています。
これはたらこに似た「タラマス」とクレタ島のアボカドでいつも作っているお寿司。

⌛ 15分

材料 (4貫分)

酢飯…茶碗小盛り1杯 (80〜100g)
焼き海苔…16×4cmに切ったもの4枚
アボカド (小さな角切り) …1/2個
たらこ (皮をのぞく) …大さじ2
ディル (あれば) (みじん切り) …大さじ1
レモン (小さな三角にスライス) …4切れ
万能ねぎ (小口切り) …大さじ2

1 酢飯は4つに分けて楕円形に握り、海苔を巻く。

2 アボカド、たらこ、ディルを混ぜて**1**の軍艦に等分に盛り、レモンスライスも1切れずつのせねぎを散らす。

Column

ギリシャのお酒について

お酒の種類

日本で入手できるものは限られますが、ギリシャでメゼと一緒に楽しむ代表的なお酒についてご紹介します。

ウゾ
Ούζο

中性スピリッツにアニシードやフェンネルシード、マスティハといったスパイスやハーブを加え、蒸留・希釈したリキュール。アニスが主な香料ですが、そのほかのスパイスやハーブの配合、蒸留の回数などはメーカーによって異なり、企業秘密としてかたく守られています。アルコール度数は40～45％と高いですが、水割りで飲まれることが多く、アニスの成分により水を加えると白く濁るのが特長。

ウゼリ（P.38）のディスプレイ。おすすめを聞いたり、ラベルを見て選ぶのも楽しい。

チプロ
Τσίπουρο

ワインの副産物として作られることが多い蒸留酒ですが、ワイン用にぶどうを圧搾した後のかすではなく、最初からチプロ用にぶどうを発酵させて作る場合もあります。チプロにはアニスで香りをつけたタイプもありますが、ウゾとの大きな違いは、チプロは必ずぶどうを原料とした蒸留酒であるということ。アルコール度数は40～45％。チプロの飲み方は軽く冷やしてストレートかロックが好まれますが、アニス入りチプロはウゾと同様水割りにする場合も多いです。

ワイン
Κρασί

世界でもっともワイン造りの歴史が長い国のひとつであるギリシャ。90年代頃までは、ギリシャのワインというと松脂で香りをつけるのが特徴であるレチーナ以外はあまり知られてませんでした。けれど現在ではサントリーニ島のアシルティコ、ペロポネソス半島ネメアのアギオルギティコ、北ギリシャのマケドニア地方ナウサのクシノマヴロ（イタリアのネッビオーロに似ているといわれる）といった土着のぶどう品種も知名度が高まり、日本でもとり扱う店が増えています。また、昔は安ワインの代名詞だったレチーナも製法にこだわったものを多くのメーカーが造るようになったりと、ギリシャワインは進化を続けています。

高品質なレチーナの先駆けとなった、ケクリス・ワイナリーの「ケクリバリ」。

ラキ
Ρακή

チクディアとも呼ばれるクレタ島のぶどうの蒸留酒。チプロと同じ製法であり、またトルコのラクと名前が似ているため混同されることもありますが、ラキにアニスは加えません。ストレートで飲むことが多く、アルコール度数はチプロより若干低めで38〜40%。クレタ島ではレストランで食前酒や食後酒として供され、おもてなしの象徴でもあります。

ビール
Μπύρα

ギリシャでビールといえば80〜90年代ぐらいまでは外国のメーカーのものばかりでしたが、今やギリシャ産ビールが幅を利かせています。ミソスやアルファ、フィックスといった大手ブランドのほか、地方発のブランドも多数。日本と同じくギリシャでもクラフトビールブームが起きたため、旅先でマイクロブルワリーを訪ねたりご当地ビールを味わう楽しみも。

サモス島のマイクロブルワリー「Samos Beer」併設レストランのビール飲みくらべセット。

ウゾを使ったカクテル

メゼにはお酒をそのままで合わせるのが基本ですが、カクテル好きな人はギリシャのお酒で作ってみては？ ウゾを使ったカクテルの例をご紹介します。

アニス風味のウゾは苦手な人も多いですが、果物などあわせると飲みやすくなります。写真奥から、ウゾの水割りにアーモンドシロップを加えたウゾモレスク、ホワイトラムとライムをウゾとレモンにおきかえたギリシャ風ウゾモヒート、フローズンピンクグレープフルーツとウゾのカクテル。

インデックス

主な食材別

肉類・肉加工品

合いびき肉
フロリナ風ミニケバブ ……… 92
ケバブのヨーグルト焼き ……… 93

牛肉
牛肉のソフリト ……… 86

牛ひき肉
ギリシャ風ナチョス ……… 25

コンビーフ
コンビーフのサガナキ ……… 16

鶏肉
チキンのミニコンドスブリ ……… 84
手羽元のパスティツァーダ ……… 90
ディルレモン唐揚げ ……… 96
チキンのみかん風味
　オーブン焼き ……… 97
砂肝のレモン＆ハーブ風味
　オイル煮 ……… 98

生ハム
スパイス香る干し肉と
　チーズのパイ ……… 29

豚肉
豚肉、ヒラタケ、プルーンの
　ティガニア ……… 80

豚ひき肉
田舎風オムレツ ……… 64
田舎風ソーセージ ……… 81
ひよこ豆とギリシャ風ソーセージの
　オレンジ風味 ……… 94

ラム肉
ラムチョップのフライパン焼き ……… 74

魚介類・魚介加工品

赤魚
赤魚のブルデット ……… 82

いわし、かたくちいわし
小いわしのマリネ ……… 71
いわしのオレガノ風味 ……… 74

えび、甘えび
えびとクリームチーズのパイ ……… 31
えびのタヒニトマトソース ……… 88

オイルサーディン
オイルサーディンのサガナキ ……… 17

かにかま
かにかまサラダ ……… 16

魚の干物
エーゲ海の島風、魚の干物 ……… 14

さば水煮缶
鯖缶プサロスパにゅうめん ……… 104

白身魚
ギリシャ風フィッシュタルタル ……… 70
魚とオクラのオーブン焼き ……… 83

スモークサーモン
スモークサーモン入り
　タラモサラダ ……… 20

たこ、いいだこ
たこのグリル ……… 73
いいだこのスティファド ……… 99

たら、たらこ
スモークサーモン入りタラモサラダ
　……… 20
たらフライのスコルダリア添え ……… 91

ひめじ、あじなど
魚のサヴォロ ……… 72

ムール貝
ムール貝の炒めマリネ ……… 75
ムール貝のサガナキ ……… 78

わかさぎ
小魚と玉ねぎの揚げ焼き ……… 75

野菜・きのこ・ハーブ

青唐辛子
フェタ唐辛子 ……… 15

青菜 (ほうれんそう、小松菜など)
青菜パイ ……… 28

おかひじき
おかひじきのツィガリアスティ ……… 47

オクラ
オクラのオリーブオイル焼き ……… 12
魚とオクラのオーブン焼き ……… 83

カリフラワー
カリフラワーのスパイシー
　トマトソース煮込み ……… 52

きのこ
きのこのティガニア ……… 40

キャベツ
青りんごとくるみの
　キャベツサラダ ……… 49

きゅうり
とりあえずのきゅうり ……… 12

小玉ねぎ
いいだこのスティファド ……… 99

じゃがいも
フェタチーズフライドポテト ……… 33
ギリシャ風ポテトサラダ ……… 50
田舎風オムレツ ……… 64
たらフライのスコルダリア添え ……… 91

ズッキーニ
ズッキーニのフリット ……… 26

トマト、ドライトマト
レフカダ島リガナーダ ……… 22
ドライトマトのフリット ……… 27
サントリーニ島のトマトケフテデス
　……… 34
なすのスコルドストゥビ ……… 54
トマトのスクランブルエッグ ……… 61
トマトとオリーブの軍艦巻き ……… 106

なす、米なす
キクラデス風焼きなすサラダ ……… 44
丸ごと焼きなすサラダ ……… 45
なすのスコルドストゥビ ……… 54
ひよこ豆となすの煮込み ……… 56

バナナピーマン
バナナピーマンのチーズ詰め焼き
　……… 67

ビーツ
ディルソースのビーツサラダ ……… 46

ヒラタケ
豚肉、ヒラタケ、プルーンの
　ティガニア ……… 80

フェンネル
フェンネルのケフテデス ………… 36
ブロッコリー
焼きブロッコリーのサラダ ……… 48
マッシュルーム
マッシュルームパイ ……………… 30
ルッコラ
ルッコラ、メロン、サラミとフレッシュ
　チーズのサラダ ………………… 42

果物
青りんご
青りんごとくるみのキャベツサラダ
　……………………………………… 49
アボカド
ギリシャ風アボカドディップ …… 20
アボカドとたらこの軍艦巻き … 106
スイカ
スイカとフェタチーズのサラダ … 43
ダークチェリー
タラガニチーズと
　ダークチェリーのサガナキ …… 63
ぶどう
グラヴィエラチーズと
　ぶどうのサガナキ ……………… 62
みかん
チキンのみかん風味オーブン焼き
　……………………………………… 97
メロン
ルッコラ、メロン、サラミと
　フレッシュチーズのサラダ …… 42

乳製品
ギリシャヨーグルト、プレーンヨーグルト
フェタムース ……………………… 18
ディルソースのビーツサラダ …… 46
ケバブのヨーグルト焼き ………… 93
ギリシャヨーグルトとフライド
　オニオンのパスタ …………… 105
グラヴィエラチーズ
グラヴィエラチーズのサガナキ … 13
グラヴィエラチーズとぶどうの
　サガナキ ………………………… 62

クリームチーズ
えびとクリームチーズのパイ …… 31
タラガニチーズ
タラガニチーズとダークチェリーの
　サガナキ ………………………… 63
溶けるチーズ
スパイス香る干し肉とチーズのパイ
　……………………………………… 29
バター
ディルとねぎのバター …………… 19
フェタチーズ
フェタ唐辛子 ……………………… 15
フェタムース ……………………… 18
ギリシャのフレッシュチーズ風 … 19
コパニスティ風チーズスプレッドの
　ブルスケッタ …………………… 23
フェタチーズフライドポテト …… 33
スイカとフェタチーズのサラダ … 43
ピリ辛焼きチーズ ………………… 66
ブルーチーズ
コパニスティ風チーズスプレッドの
　ブルスケッタ …………………… 23
リコッタチーズ
ギリシャのフレッシュチーズ風 … 19

小麦粉・小麦加工品・米
田舎パン
コパニスティ風チーズスプレッドの
　ブルスケッタ …………………… 23
ごはん、酢飯
アヴゴレモノ雑炊 ……………… 102
オリーブのおにぎり …………… 103
トマトとオリーブの軍艦巻き … 106
アボカドとたらこの軍艦巻き … 106
小麦粉
簡単揚げパイ生地 ………………… 32
イーストを使わない
　簡単ピタパン …………………… 37
そうめん
鯖缶プサロスパにゅうめん …… 104
パスタ
ギリシャヨーグルトと
　フライドオニオンのパスタ … 105
ピタパン
ギリシャ風ナチョス ……………… 24

その他
オリーブ
オリーブのおにぎり …………… 103
卵
ゆで卵のおつまみ ………………… 14
スタカもどきの目玉焼き ………… 60
トマトのスクランブルエッグ …… 61
田舎風オムレツ …………………… 64
アヴゴレモノ雑炊 ……………… 102
ひよこ豆水煮缶
ひよこ豆となすの煮込み ………… 56
ひよこ豆とギリシャ風ソーセージの
　オレンジ風味 …………………… 94
ブラックオリーブ
ブラックオリーブと玉ねぎの
　香味オイルソテー ……………… 15
レンズ豆
スモークにしん添え
　レンズ豆サラダ ………………… 51

< 111 >

アナグノストゥ直子
Naoko Anagnostou

1973年京都市生まれ。自然豊かな大原で育ち、イギリス留学を経て1996年からアテネに暮らす。当時日本ではほとんど知られていなかったギリシャ料理を広めるべく、2005年にブログ「ギリシャのごはん」を開設。雑誌に寄稿したり、日本の食品会社のリサーチ協力、ギリシャの食品会社へのレシピ提供なども。定番からレアな郷土料理、オリジナルのモダンギリシャ料理まで幅広いレシピは、現地の味を再現できると定評がある。

ギリシャのごはん
girisyagohan.blog.jp

文・写真 ◆ アナグノストゥ直子
デザイン ◆ 千葉佳子 (kasi)
校正 ◆ 坪井美穂
編集 ◆ 鈴木利枝子

おうちでギリシャ居酒屋
3分から作れるシンプルおつまみレシピ80

2025年3月15日 初版第1刷発行

著者　　アナグノストゥ直子
発行人　山手章弘
発行所　イカロス出版株式会社
　　　　〒101-0051 東京都千代田区神田神保町1-105
　　　　book1@ikaros.co.jp (内容に関するお問合せ)
　　　　sales@ikaros.co.jp
　　　　(乱丁・落丁、書店・取次様からのお問合せ)
印刷・製本　株式会社シナノパブリッシングプレス

乱丁・落丁はお取り替えいたします。
本書の無断転載・複写は、著作権上の例外を除き、著作権侵害となります。
定価はカバーに表示してあります。
©2025 Naoko Anagnostou Ikaros All rights reserved.
Printed in Japan　ISBN978-4-8022-1581-7